토마스 아퀴나스가 들려주는

신앙 이야기

토마스 아퀴나스가 들려주는

신앙 이야기

초판 1쇄 발행일 2006년 7월 21일
초판 13쇄 발행일 2021년 4월 28일

지은이 | 강영계
그림 | 신우창
펴낸이 | 정은영

펴낸곳 | (주)자음과모음
출판등록 | 2001년 11월 28일 제2001-000259호
주소 | 04047 서울시 마포구 양화로6길 49
전화 | 편집부 (02)324-2347 경영지원부 (02)325-6047
팩스 | 편집부 (02)324-2348 경영지원부 (02)2648-1311
e-mail | jamoteen@jamobook.com

ISBN 978-89-544-1943-7 (64100)

토마스 아퀴나스가 들려주는

신앙 이야기

강영계 지음

(주)자음과모음

우리는 문화와 문명이 발달한 나라를 선진국이라고 부릅니다. '로마는 하루아침에 이루어지지 않았다'는 말처럼 선진국도 어느 한순간에 갑자기 만들어진 것이 아닙니다.

서양의 문화를 자세히 들여다보면 처음부터 끝까지 큰 호수들과 강들이 끊어지지 않고 연결되어 있는 것처럼 여겨집니다. 위대한 사상가들은 큰 호수들과 같고, 호수에서 흘러나온 강들은 그 뒤를 따르는 사상가들이라고 할 만합니다. 플라톤, 아리스토텔레스, 아우구스티누스, 토마스 아퀴나스, 칸트, 헤겔 등이 큰 호수들이라면, 이들을 뒤따르는 수많은 사상가들은 여러 강줄기들과 같습니다.

아퀴나스는 오늘날의 가톨릭 사상, 또는 기독교 사상에 큰 공헌을 한 인물입니다. 아퀴나스 이전까지는 과학적 지식이 먼저이고 참다우냐 아니면 종교적 신앙이 우선이냐 하는 논쟁이 오랫동안 계속되었습니다.

아퀴나스는 온갖 노력을 기울여 지식과 신앙을 조화시킴으로써 기독교 사상을 체계화하는 데 이바지했습니다. 그는 지식, 신앙, 자연 세계, 인간, 신에 관하여 깊이 있게 생각하고 탐구했습니다. 물론 아퀴나스는 일생 동안 기독교 사상가로서 모든 것을 신앙에 바친 것이 사실입니다.

우리는 종교 생활에서 계시에 따라 무조건 신을 믿을 것인지, 아니면 이성적 근거를 가지고 계시를 따를 것인지에 대한 이 두 가지 물음에 부딪힙니다.

《토마스 아퀴나스가 들려주는 신앙 이야기》를 차분히 읽다 보면 우리는 종교에 대한 자신의 입장을 다시 한 번 정리해 보는 기회를 갖게 될 것입니다.

C O N T E N T S

염소 가죽으로 만든 이야기 트렁크

애들아! 다 모였니? 내 이야기를 들을 준비가 되었는지 모르겠구나. 들을 준비가 된 사람은 손을 들어 보렴. 뭐? 듣고 싶지 않다고? 듣고 싶지 않은 사람은 여기서 나가도, 아니 책장을 덮어도 좋아. 하지만 내 이야기를 듣지 않은 사람은 분명 후회할 거야. 나중에 이 이야기를 들은 친구들이 삼삼오오 모여서 신나게 수다를 떨 때면 낄 수 없을 테니까. 그리고 친구들이 내게서 배운 것들을 자랑하며 잘난 척하는 동안에도 입을 꼭 다물고 조용히 듣고 있을 수밖에 없겠지. 그렇게 되기 싫다면 들어 두는 게 좋을 거야. 이건 협박이 아니라 충고라니까. 하하.

이쯤에서 내 소개를 하는 게 좋겠지? 나는 이야기보따리를 가득 짊어지고 세계를 떠돌아다니는 사람이야. 여기 내 뒤에 양가죽으로 만든 큰 트렁크 가방이 보이지? 이게 바로 이야기보따리란다. 엇! 함부로 열어 보면 안 돼. 여기 있는 이야기들은 아주 예민해서 주인의 손이 아닌 다른 사람의 손길이 닿으면 금세 변질되고 말거든. 마치 사과를 공기 중에 놔두면 갈색으로 변하는 것과 같은 원리지. 이런, 딴소리가 길어졌네. 어쨌든 나는 재미있는 이야기를 너희 같은 어린이들에게 들려주는 것이 직업이야. 뭐라고? 그럼 돈은 어떻게 버냐고? 아직 어린데도 경제관념이 확실하구나. 난 돈은 필요 없어. 너희들이 내 이야기를 듣고 재미와 감동과 더불어 철학적 지식까지 얻어 가면 난 그것으로 만족한단다. 너희들이 내 이야기를 듣고 유익하다고 생각하면 여기 와서 이 트렁크에 붙어 있는 거울을 보고 씨익 한 번 웃어 주렴. 너희들의 웃음이 나에게는 양식이 되고 돈이 되니까 말이야.

그럼 재미가 있는지 없는지 일단 들어 봐야 알겠지? 자, 저기 저 졸린 어린이는 찬물로 세수라도 하고 오려무나. 그럼 잠이 깰 거야. 내 이야기를 일단 한번 듣기 시작하면 졸린 줄도 모른단다.

삼총사 만나다

신은 인간이 사유할 수 있는 최고의 또는 가장 완전한 존재이다.

-토마스 아퀴나스

1 토마스의 귀환

이야기는 지금으로부터 800년 전, 저기 저 먼 이탈리아의 나폴리 항에서부터 시작된단다. 나폴리 항구는 다들 한 번씩은 들어봤겠지? 호주의 시드니 항, 홍콩의 홍콩 항과 함께 세계에서 가장 아름다운 3대 항으로 꼽힌단다. 그중에서도 나폴리 항은 먼 옛날부터 아름다웠던 모양이야.

우리의 주인공 토마스도 나폴리 항의 아름다움에 취해서 항구를 구경하다 집으로 돌아가는 것을 까먹었을 정도니까 말이야. 토마스가 나폴리 항에 도착한 것은 나폴리 항이 가장 아름다운 풍경을 뽐내는 1225년 여름이었단다. 언덕의 나무들은 푸르렀으며 언덕에서 내려다보이는 바다는 끝없이 펼쳐져 있었지. 큰 배들은 저마다 위용을 뽐내고 있었어. 그중에는 토마스가 타고 온 배도 물론 있었겠지? 토마스가 탄 배는 막 나폴리 항으로 들어서고 있었지. 토마스는 배가 항구에 닻을 내리자마자 서둘러 배에서 내렸어. 그동안 배를 타고 오면서 뱃멀미에 시달렸었거든.

"야, 드디어 나폴리다!"

토마스는 배에서 내리자마자 폴짝폴짝 뛰면서 좋아했어. 배에서 내리는 사람들이 보거나 말거나 말이지.

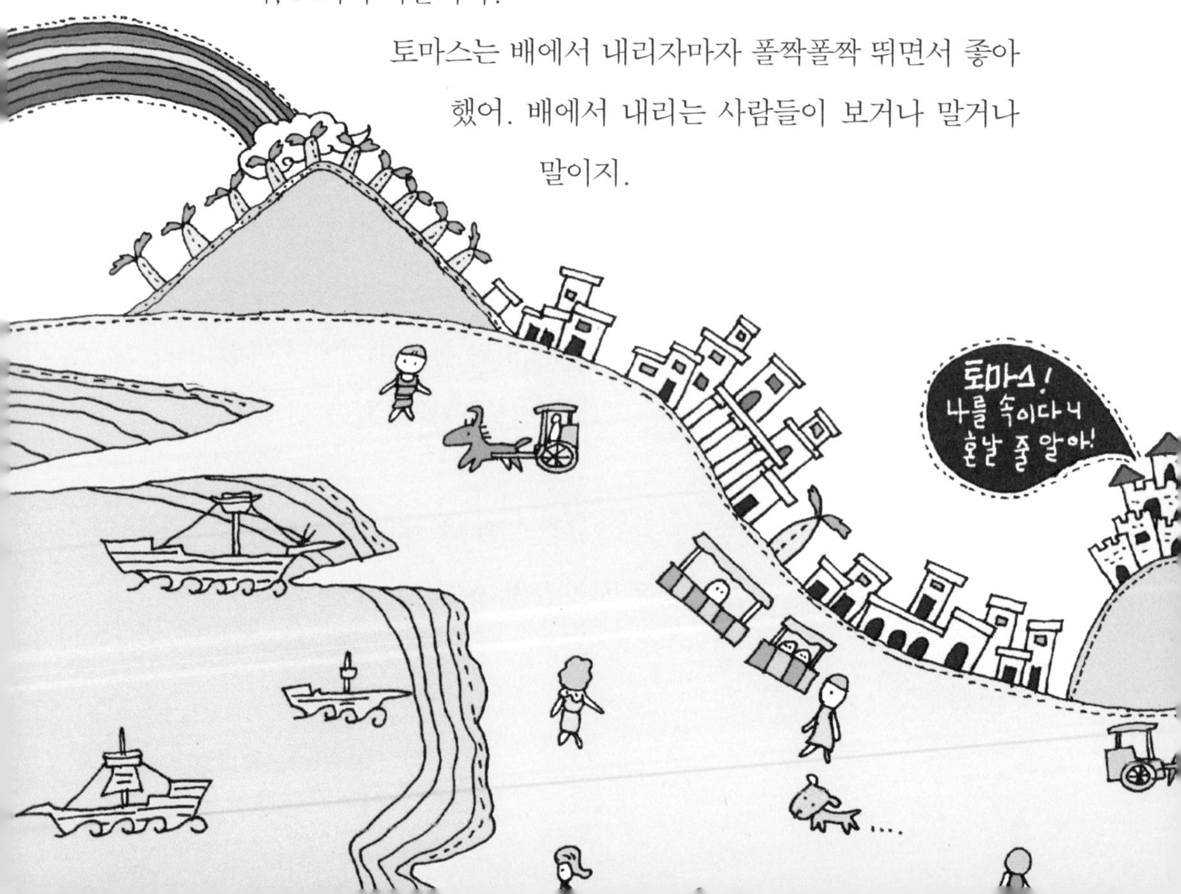

"나폴리는 여전히 아름답구나. 9년 동안 변한 것이 하나도 없네."

너희들도 눈치 챘다시피 토마스는 9년 동안이나 고향을 떠나 있었던 모양이야. 토마스가 자신의 짐을 들고 나폴리 항의 이곳저곳을 기웃거리는 동안 수평선 너머로 뉘엿거리며 해가 지고 있었어.

그런데 저쪽에서 토마스를 부르는 소리가 들렸지.

"도련님! 토마스 도련님!"

"엇? 산타나! 어쩐 일이야?"

"어쩐 일은요? 도련님을 모시러 왔습죠. 어서 가시죠, 도련님."

"내가 온다는 건 어떻게 알았어? 조금만 놀다 가려고 일부러 집에는 알리지도 않았는데……."

"도련님이 그러실 줄 알고 베네딕토 수도원의 수도원장님이 성으로 사람을 보내서 도련님이 떠나실 날짜를 미리 알려 주셨습죠. 저는 비토 도련님의 명으로 도련님을 마중 나온 거고요."

"그랬었군. 지루한 수도원 생활에서 벗어나 간만에 바깥바람 좀 쐬려고 했는데……."

"저 그런데, 도련님……."

"응? 왜?"

"도련님이 출발하시는 날짜를 속이고 여행을 하다가 오시려고 했다는 사실을 아시고 비토 도련님이 화가 많이 나셨어요. 이제 돌아가시면 크게 혼나실지도 모르겠어요."

"그게 정말이야? 비토 형이 알았다면 그냥 넘어가지는 않을 텐데, 큰일이네!"

"다 도련님 잘못이니까 어쩔 수 없죠. 일단 가서 싹싹 용서를 비세요."

토마스는 그만 울상이 되었어. 이쯤에서 너희는 형이 얼마나 무섭기에 토마스가 그리 벌벌 떠는지 궁금해하겠지? 토마스의 집안은 유난히 형제가 많았어. 토마스는 그중 일곱 번째 아들이었지. 그러니 자연히 큰형인 비토와는 나이 차이가 클 수밖에. 게다가 토마스의 아버지는 매우 늙었기 때문에 큰형인 비토가 집안의 모든 일을 도맡아 했지. 많은 형제들을 보살피고 큰 성의 살림을 도맡아 하느라 비토 형은 좀 엄격한 사람이 되어야 했어.

참, 이 이야기를 빠뜨리면 안 되지!

토마스는 나폴리 근처에 있는 로카세카 성에서 아퀴노의 대지주

란돌프 백작의 일곱 번째 아들로 세상에 태어났단다. 대지주라는 말을 아는 사람도 있겠지만 모르는 친구들을 위해서 설명을 해 줄게. 대지주란 바로 많은 땅을 가지고 있는 사람이라고 할 수 있지. 영화에서 중세 유럽의 큰 성들을 본 적이 있겠지? 토마스는 바로 그 큰 성에서 살고 있었던 거야. 자유분방하고 놀기 좋아하는 토마스도 훌륭한 집안의 아들이었던 거지. 그렇다고 토마스가 말썽꾸러기라고 생각하는 사람도 있을 테지만 절대로 그렇지 않았단다.

토마스가 얼마나 영리하고 지혜로운지는 앞으로 내 이야기를 듣다 보면 알 수 있을 거야.

영리한 토마스는 집으로 가는 마차 안에서 골똘히 생각에 잠겼어. 베네딕토 수도원에서 벗어난 지 며칠 되지도 않았는데 바로 무서운 형들이 있는 성으로 들어가야 한다니 정말 억울하기 짝이 없었지. 게다가 큰형이 단단히 벼르고 있는 마당에 성으로 들어간다는 건 짚을 가지고 불구덩이에 뛰어드는 것이나 마찬가지인 일이었으니 말이야.

'빨리 무슨 수를 내지 않으면 안 되는데…….'

토마스는 빠져나갈 궁리를 하느라 마차가 성문 앞에 도착한 줄도 모르고 있었어.

"누구냐?"

성문 앞을 지키고 있는 문지기가 큰 소리로 물었어.

"나야, 나. 산타나. 토마스 도련님을 모시고 왔어."

"어? 산타나 군. 토마스 도련님, 어서 오세요. 3년 전에 잠시 다니러 오셨을 때 뵙고 못 뵈었는데 그새 많이 자라셨군요. 백작님과 비토 도련님이 기다리고 계세요."

문지기가 웃으며 성문 앞을 비켜 주었어.

그때였어. 갑자기 마차 뒷자리의 문이 열리더니 토마스가 튕겨져 나오듯이 재빨리 뛰쳐나왔어. 그리고 성의 반대편에 있는 울창한 숲을 향해 전속력으로 달렸지.

"어? 도련님! 도련님!"

"산타나! 미안해. 형과 아버지께는 산타나가 잘 말씀드려 줘! 며칠만 나폴리 구경 좀 하고 올게!"

산타나와 문지기가 쫓아갔지만 토마스의 목소리는 이미 숲의 울창한 나무 사이로 사라지고 있었어. 둘은 어두워져 가는 숲을 그저 바라볼 수밖에 없었지. 산타나는 힘이 빠진 목소리로 중얼거렸어.

"도련님, 그 숲에는 사나운 괴물이 살고 있어요."

2 숲 속의 사나운 괴물

토마스는 산타나가 쫓아오지 못하도록 쌩쌩 달리다가 숲 속 깊숙이 들어와서야 달리는 것을 멈추었어. 키가 큰 나무들이 하늘을 가려 하늘이 손바닥만큼도 보이지 않았지.

"무작정 도망쳐 왔는데 이제 어쩌지? 배는 고프고, 여기는 잘 데도 없는 것 같은데……."

토마스는 점점 후회가 되는 모양이었어. 비록 무서운 형들이 있는 곳이지만 성은 따뜻하고 먹을거리가 많은 곳이잖아. 토마스는 신분이 높은 귀족으로 풍족한 생활을 누리며 자랐기 때문에 춥거나 배고픈 것을 참지 못했어.

그때 깊은 숲 속 저쪽에서 희미하게 빛이 흘러나오는 것이 보였어.

'어? 이상하다? 이런 곳에도 사람이 사는 집이 있나?'

토마스는 일단 빛이 새어 나오는 쪽으로 가 보기로 했어.

그런데 가까이 갈수록 쿵, 쿵 하는 소리가 들리는 거야. 토마스는 당연히 긴장할 수밖에 없었지.

"쿵, 쿵!"

"이게 무슨 소리지?"

"쿵, 쿵!"

토마스는 귀를 쫑긋 세우고 발소리가 나지 않게 소리가 나는 곳으로 다가갔어. 그곳에는 나무로 만든 작은 오두막이 하나 있었어. 빛과 소리 모두 그곳에서 흘러나오는 것이었지.

'사람이 사는 곳이라면 음식도 얻어먹을 수 있고, 잠도 잘 수 있을 거야. 친절한 사람이라면 좋겠는데…….'

토마스는 오두막이 있는 문을 향해 살금살금 걸어갔어. 바닥에 떨어져 있는 나뭇가지들 때문에 문까지 가는 데도 여간 힘이 들지 않는 게 아니었어. 토마스는 조심조심 걸었지만 결국 나뭇가지 중 하나를 밟고 만 거야. 파지직, 하는 소리가 크게 나고 말았지.

그런데 그 순간, '거기 누구얏!' 하고 문을 젖히고 뛰어나오는 사람이 있었지. 허리까지 내려오는 무성한 머리칼에 온몸이 털로 뒤덮여 도무지 얼굴을 알아볼 수가 없었어.

게다가 그 사람이 들고 있는 것은 바로 커다란 도끼였어!

그럼, 토마스는 어떻게 되었을 것 같아? 성의 도련님으로 고생을 모르고 자랐던 토마스는 그 자리에서 기절해 쓰러지고 말았어. 토마스가 눈을 떴을 때 그의 눈앞에는 토마스 또래의 남자 아이와 여자 아이가 근심스러운 표정으로 토마스를 바라보고 있었지.

"이제 깼니?"

"정신이 들어?"

"여기가 어딘지 알겠니?"

두 아이가 번갈아 묻는 통에 토마스는 더더욱 헷갈리기만 했어.

"너희들은 누구야?"

"우리는 여기 대장간에 사는 아이들이야. 나는 마리오, 이 애는 내 여동생 마리엘이고."

"아, 그렇구나. 그런데……."

토마스는 어리둥절하기만 했어. 방금 전까지 온몸이 털로 뒤덮인 사람을 보고 분명히 기절을 했었으니까 말이지.

"아까 그 괴물은 어디 갔지? 온몸이 털로 뒤덮인……."

"뭐? 괴물이라고?"

구족, 평민
같은 건 중요치 않아.
우린 친구야.

마리오라는 남자 아이는 금방이라도 주먹을 휘두를 것 같은 태세였어.

"너, 다시 말해 봐! 우리 아빠를 보고 괴물이라고 했겠다!"

"아, 아니, 난 그저……."

토마스는 괴물같이 생긴 사람이 이 아이들의 아버지라는 사실에 무척 당황했지.

"오빠, 참아. 이 아이는 잘 모르고 한 말이잖아."

마리엘이라는 금발 머리의 여자 아이는 제 오빠를 말리며 말했어.

"아까 그 사람은 우리 아빠야. 아빠는 몸에 털이 많고 몸집도 커서 괴물처럼 보일지 모르지만 우리에겐 좋은 아빠란 말이야."

마리엘은 눈물을 글썽였어.

"아, 미안. 아까는 내가 깜짝 놀라서……. 정말 미안해. 진심으로 사과할게."

아이들도 토마스가 뉘우치는 모습을 보이자 금방 화가 누그러진 모양이었어.

"네가 그렇게까지 미안해하니까 우리도 사과를 받아 주지 뭐. 흠흠, 하지만 너는 아직도 네 이름을 말하지 않았는데, 도대체 넌 누구야? 보아하니 귀족 도련님인 모양인데, 어떻게 여기까지 들어

온 거야?"

"난 토마스 아퀴나스, 로카세카 성에 살고 있지."

"뭐? 로카세카 성이라고? 그럼 저 언덕 위에 우뚝 솟은 그 성을 말하는 거야?"

"응."

"이런, 이제 보니 높으신 백작님의 아들이었구나!"

"백작님? 오빠, 란돌프 백작님을 말하는 거야?"

마리엘은 눈이 휘둥그레져서 말했어.

그도 그럴 것이 그 시대에는 귀족과 평민의 신분 차이가 엄청나게 컸단다. 높디높은 백작의 아들과 숲 속의 대장간에 사는 아이들이 말을 주고받는다는 것은 상상조차 할 수 없는 일이었지.

"오빠, 그럼 우리 성에 끌려가는 거야?"

"……."

아이들은 겁먹은 모습이었지. 그때 눈치 빠른 토마스가 말했어.

"그런 건 걱정하지 않아도 돼."

"정말?"

"우리 모두 나이도 비슷하잖아. 귀족과 평민, 그런 것이 뭐가 중요해?"

"그럼 우리 친구가 되는 거야?"

"당연하지!"

"야, 신난다. 내가 란돌프 백작님의 아들과 친구라니!"

마리엘은 정말로 신이 나는 모양이었어.

"근데……."

"응? 왜?"

마리오와 마리엘은 눈을 동그랗게 뜨며 토마스 곁으로 다가와 앉았어.

"저 빵이나 고기를 좀 먹을 수 있을까? 사실은 저녁때부터 아무것도 먹지 못해서 말이야."

"아, 난 또 뭐라고! 괜히 긴장했잖아. 여기 우리가 먹던 음식이 있으니 맘껏 먹도록 해."

"귀족 도련님이 밥을 굶다니 재밌는 일이네."

"하하하!"

3 신앙이란 무엇일까?

배가 부르자 토마스는 마음이 느긋해졌어. 금방이라도 잠이 올 것 같았지. 그런데 마리오와 마리엘은 궁금한 게 많았던지 이것저것 질문을 해 댔어.

"그런데 넌 왜 성에 안 들어가니?"

마리엘이 물었어.

"응, 그게……."

토마스는 갈등에 빠졌어. 성으로 가던 중에 도망쳐 나왔다는 사실이 성에 알려지면 큰형이 당장 잡으러 올 것이 뻔하니까 말이야.

"너희들, 비밀을 지켜 줄 수 있지?"

"그럼. 우리가 친구 하기로 한 거 잊었어?"

"사실 난 5년 동안 여기 나폴리가 아닌 몬테카시노에 있었어."

"몬테카시노? 거기는 왜?"

"그곳엔 성 베네딕토 수도원이 있거든."

"너 그럼 수도원에 있었단 말이야?"

"난 수도원에서 9년 동안 공부했어."

"와! 9년 동안이나? 너 그럼 이제 수도원장이 되는 거야?"

"수도원장은 아무나 될 수 있는 것이 아니야. 많은 공부를 하고 연구를 해야 할 수 있는 일이거든. 게다가 난 수도원장이 되고 싶지도 않고."

"왜? 전에 우리 아빠가 말씀하셨는데, 수도원장이 되면 큰돈도 생기고 막강한 힘을 가질 수 있대."

"난 그런 것을 원하는 게 아니야. 난 평범한 사람들을 만나서 하나님의 복음을 전하는 수사가 되고 싶어."

"사실 나와 마리엘은 하나님을 믿지 않지만, 네 이야기를 듣고 보니 넌 정말 훌륭한 수사가 될 수 있을 것 같아."

"그런데 우리 가족들은 내가 수사가 아닌 수도원장이 되기를 바란단다."

"왜?"

"수도원장이 되면 우리 가문 전체의 큰 영광이거든. 그래서 형과 아버지는 나를 다섯 살 때 베네딕토 수도원에 보낸 거야. 그런데 지금은 교황과 왕이 전쟁을 시작해서 수도원은 군대에 점령당했어."

"전쟁?"

마리오와 마리엘은 동시에 물었어.

"전쟁이라고? 지금 전쟁이 일어나고 있단 말이야?"

"그래. 그래서 나는 나폴리 대학에 들어가기 위해 집으로 가던 중에 잠시 여행이나 하려고 중간에 도망친 거야."

"네가 대학에 들어간단 말이야? 너 같은 꼬맹이가?"

마리엘이 물었어. 자신보다도 더 어린 마리엘이 이 같은 말을 하자 토마스는 자존심이 상한 거야. 왠지 모르게 마리엘 앞에서는 더 멋져 보이고 싶었는데 말이지.

"어허, 왜 이래? 그래도 이 몸이 수도원에서 전체 1등을 한 수재란 말씀이야."

"그래? 그럼 내가 평소에 궁금했던 것을 물어봐도 될까?"

희망
믿음
잡으면 살수 있어!
신앙은 믿음이야.
뭘 상상하는 거야?

마리엘이 동그란 눈을 반짝이며 물었어.

"뭔데 그래? 무엇이든지 물어봐. 내가 아는 거라면 알려 줄게."

"칫, 재가 뭘 안다고 그래? 재도 우리랑 똑같은 아이일 뿐인데."

마리오는 마리엘이 못마땅했는지 툴툴거렸어.

"우리는 숲 속에서만 살아서 그런지 종교니, 신앙이니 하는 것들은 잘 몰라. 그런데 내가 생각하기에 종교를 믿는 것과 아는 것은 똑같은 것 같아. 내가 마리오 오빠를 잘 알고, 또 잘 아니까 믿는 것처럼 말이지."

토마스는 마음속으로 바로 '이때다' 라고 생각했어. 마침 토마스가 수도원에서 공부한 내용을 마리엘이 물어 왔거든.

"내가 배우기론 신앙과 지식은 분명히 서로 다른 것이야. 믿음은 의지의 문제이지만 지식은 앎의 문제거든."

"의지의 문제? 그게 무슨 말이야?"

"'물에 빠진 사람은 지푸라기라도 잡으려고 한다' 는 말 알지?"

"그야 당연히 알지."

"물에 빠진 사람은 우선 살려는 의지가 강하니까 지푸라기든 무엇이든 붙잡으려고 해. 그 사람에게는 지푸라기든 가는 밧줄이든, 나무줄기든 자신이 붙잡으려는 물건이 무엇인지를 아는 것은 중요치 않아. '저것을 붙잡으면 살겠구나!' 라는 믿음이 중요한 거지. 내가 생각하기에 신앙이란 많은 사람들의 평소 생각, 즉 속견과 과학적 지식의 중간에 자리 잡고 있어. 신앙은 대상을 굳건히 믿으니까, 흔히 사람들이 아는 상식을 뛰어넘을 수 있지."

"하지만 신앙이란 것을 과학적으로 증명할 수 있을까?"

관심 없는 듯이 얘기를 듣고 있던 마리오가 갑자기 끼어들었어. 마리오도 토마스의 이야기를 듣다 보니 궁금했나 봐.

"물론 신앙은 과학적 지식에 비해서 정확성은 없다고 볼 수 있지."

"음, 토마스 오빠가 뭘 말하는지 나도 조금은 알 것 같아. 속견은 상식이니까 참답거나 거짓된 것과는 상관없이 그냥 생활에 편리한 앎이라 이거지? 그런데 토마스 오빠가 말하는 신앙이 도대체 뭐야? 좀 더 뚜렷하게 알 수는 없을까?

"내가 말하는 신앙은 기독교 신앙이야."

토마스는 눈을 반짝거리며 말했어. 마리엘이 자기를 오빠라고 말해 준데다가 마리오마저 토마스의 얘기에 귀를 기울였기 때문이야.

"신앙은 신의 계시를 받아들이는 활동이야."

“계시? 계시가 뭔데?”

“계시란 사람의 지혜로는 알 수 없는 진리를 신이 깨우쳐 주는 걸 말하는 거야.”

“아, 그렇구나.”

마리오는 토마스에게 들키지 않게 작은 소리로 중얼거렸어.

“신(하나님)은 자연 세계보다 더 위에 있기 때문에 신의 계시 역시 인간의 앎의 능력보다 한 수 위라고 볼 수 있지. 인간은 스스로 만물의 영장이라고 하면서 으스대지만 하루살이나 갈대처럼 단지 신이 만들어 낸 존재일 뿐이야.”

“만물의 영장?”

이번엔 마리오가 물었어. 그런데 토마스가 대답할 새도 없이 마리엘이 말했어.

“오빠는 그것도 몰라? 만물의 영장이라는 것은 쉽게 말해서 인간이 세상의 모든 것들 중에서 가장 우두머리라는 거야. 난 책에서 봤는데 오빠도 검술 연습만 하지 말고 나처럼 책 좀 읽어.”

마리엘은 토마스가 앞에 있는데도 불구하고 오빠에게 창피를 주었어. 마리오는 화가 났는지 방 한쪽 구석에 있는 나무로 만든 검을 챙기더니 밖으로 나가 버렸지.

"마리엘, 마리오가 많이 화난 것 같은데?"

"난 오빠를 창피하게 하려고 그런 건 아니었는데 자존심이 상했나 봐. 우리 오빠는 자존심이 굉장히 강하거든. 그렇지만 괜찮아. 숲에서 연습 좀 하다 보면 또 금방 기분이 풀릴 거야. 겉으로는 거칠어 보여도 속마음은 정말 착하거든."

마리엘은 웃으며 말했어. 토마스는 마리오와 마리엘 오누이의 모습이 그저 부러울 따름이었어. 나도 누나나 여동생이 있으면 얼마나 좋을까, 하는 생각이 들었거든.

"너무 걱정하지 말고 아까 하던 얘기를 계속해 줘. 신앙도 여러 종류인데 오빠는 왜 하필 기독교 신앙만을 신앙이라고 말하는 거야?"

"나도 이미 그런 질문을 스스로 던져 보았어. 물론 네가 말한 것처럼 신앙도 여러 가지야. 좀 어려운 이야기지만 신앙에는 우선 자연종교의 신앙이 있어. 문화가 발달하기 전에 살았던 사람들, 즉 원시인들은 주로 자연 대상들이 아주 큰 힘을 가진다고 믿고 그런 대상들을 위해서 성대한 제사를 치렀지."

"자연 대상? 태양이나 곰, 호랑이나 나무를 말하는 거야?"

"그렇지."

"아! 그래서 그랬구나. 가끔씩 마을에 사는 사람들이 보름달이 뜬 저녁에 달에게 소원을 비는 것을 보았어."

"그래, 그게 바로 자연종교의 신앙이야."

"다음으로 민족종교의 신앙을 말할 수 있어. 다 그런 건 아닐지라도 대부분의 민족들은 오직 자기 민족만을 지켜 주는 신이 있다고 믿어. 반면 유대인은 야훼를 믿지. 마지막으로 세계종교의 신앙을 말할 수 있어. 수많은 종교 중에서 가장 완성돼 있고 인간의 차별을 없앤 종교가 계시종교란다. 계시종교에는 크게 도교, 유교, 불교, 기독교, 이슬람교 등을 꼽을 수 있지."

"와, 기독교 말고도 정말 많은 종교가 있네? 오빠 얘기를 들으니까 종교가 어떤 것인지 귀에 쏙쏙 들어와서 굉장히 재미있게 느껴지는걸? 그런데 오빠는 왜 여러 가지 세계종교들 중에서 기독교의 신앙만을 고집하는 거야?"

"앞에서 말한 자연종교나 민족종교보다 완성되고 통일된 세계종교가 되기 위해서는 몇 가지 조건이 꼭 필요해. 우선 세계종교는 많은 사람들에게 인정을 받아야 해. 그리고 초월적 대상, 즉 하나님이나 알라, 부처님처럼 믿을 수 있는 대상과 깨달음, 도를 가지고 있어야 해. 또 종교를 신앙하는 신앙 집단이 있어야 하고, 자신

신앙

토템

불교

이슬람교
코란

신앙도
여러 종류가 있지.

을 설명하고 알릴 수 있는 이론을 가져야만 하지. 이것들을 종합해 볼 때, 여러 종류의 세계종교가 있어도 나는 기독교가 가장 완전한 조건들을 가지고 있다고 생각해."

"음, 하긴 오빠는 다섯 살 때부터 이미 수도원에 들어가서 공부를 했으니 기독교에 대한 믿음이 정말 강하겠구나."

"그런데 말이야, 마리엘. 나 잠 좀 자면 안 되겠니?"

토마스는 배를 타고 막 돌아왔을 뿐만 아니라 아까 산타나를 따돌리려고 달리기를 해서인지 몸이 많이 피곤했어. 아무리 예쁘고 상냥한 마리엘과 이야기를 나누고 있더라도 쏟아지는 잠에는 장사가 없는 법이었지.

"피곤한 오빠한테 내가 너무 어려운 질문만 했지? 미안해. 저기 있는 침대에 누워 잠 좀 자. 나는 마리오 오빠를 찾으러 나가 봐야겠어."

"이렇게 어두운데 너 혼자 괜찮겠어? 내가 같이 나갈까?"

"아니야. 이 숲은 우리 집 마당이나 마찬가지인걸."

토마스는 침대에 몸을 뉘었어. 잠깐 동안 무서운 형들이 생각났지만 이내 코를 골기 시작하더니 깊은 잠에 빠져 들었어.

4 성으로! 성으로!

다음 날 아침 토마스가 깨어 보니 어제 본 괴물, 아니 마리오의 아빠가 부엌에 서 있었어. 허리까지 길게 기른 머리, 고목나무처럼 큰 덩치, 온몸에 나 있는 무성한 털까지 어제 본 것과 하나도 다르지 않은 모습이었지만 토마스는 하나도 놀라지 않았어.

"저, 안녕하세요, 아저씨?"

"아이고, 도련님 일어나셨어요?"

"저보고 도련님이라고 하지 마세요. 저는 마리오와 마리엘의 친구인걸요."

"아니, 친구라니요? 엄연히 신분 차이가 있는데. 제가 그 애들을 혼내겠습니다요!"

"아저씨, 그러지 마세요. 제가 수도원에서 얼마나 외로웠는데요. 이제 저에게도 친구가 생겨서 참 기뻐요. 그러니 너무 그러지 마세요."

"도련님이 외롭다니요? 형제분들이 그렇게 많이 계신데 뭐가 외롭단 말씀이세요?"

"네? 제가 형제들이 많은 걸 아저씨게서 어떻게 아세요?"

"애들이 아직 얘기를 안 했나 보군요. 저는 대장장이인데, 도련님이 살고 계시는 로카세카 성에 물건들을 공급하고 있습죠."

"네? 아저씨가요?"

"네. 아이고, 이거 쑥스러운데. 성에 있는 것들 중에서 철이나 금속으로 만든 물건들은 거의 다 제 작품이라고 해도 과언이 아니죠. 헤헤."

대장장이 아저씨는 험악하게 생긴 겉모습과는 달리 순진하고 수줍음이 많은 성격이었어. 얼굴까지 살짝 붉어지는 모습이 귀여워 보이기까지 했으니까 말이야.

"와! 정말 대단한 기술을 가지셨군요!"

"뭘요. 이렇게 흉하게 생겼는데도 일을 맡겨 주시는 백작님께 감사할 따름이죠."

"그런데 마리오와 마리엘은 어디에 갔나요? 아까부터 안 보이던데."

"그 애들은 아침 일찍 일어나 도련님께 드릴 꿀을 따러 갔습죠. 제가 맛있고 신선한 꿀이 있는 벌통이 있는 곳을 알거든요."

그때 마침 아이들이 돌아왔어.

"야, 토마스. 누가 귀족 도련님 아니랄까 봐 늦잠을 자는구나!"

"도련님께 토마스라니, 그게 무슨 말버릇이야!"

아저씨가 마리오에게 소리를 쳤어. 토마스 앞에서의 수줍은 모습은 어디로 갔는지 아저씨의 목소리는 천둥처럼 우렁우렁했어.

"아저씨, 그러지 마시라니까요. 자꾸 그러시면 제가 친구들 앞에서 더 미안해지잖아요."

토마스는 처음으로 사귄 친구들인 마리오와 마리엘을 잃을까 봐 불안했어. 울상을 짓는 토마스를 보자 아저씨도 포기한 듯 말했어.

"너희들끼리만 있을 때는 몰라도 마을에 나가서는 절대 그러면 안 된다."

"알았어요, 아빠."

토마스와 마리오네 가족들은 아이들이 따온 꿀과 빵으로 맛있는 아침 식사를 했어. 하지만 이제 성으로 돌아가야 한다는 사실 때문에 토마스는 음식이 제대로 넘어가지 않았지.

"도련님, 왜 그러세요? 아무래도 음식이 입에 맞지 않으시죠? 좀 더 신경을 썼어야 하는데……."

"아니에요, 음식은 정말 맛있어요. 다만……."

"너 성으로 돌아갈 생각 때문에 걱정돼서 그런 거지?"

마리오가 물었어. 마리오 녀석, 속이 좀 좁긴 해도 눈치 하난 빠르다니까.

"그 얘기라면 걱정 마십쇼. 저한테 좋은 방법이 있습니다요."

"방법이라뇨?"

"어제 제가 아이들한테 얘기를 듣고 다 방법을 생각해 놨습니다. 도련님은 아이들과 성에 가셔서 어제 숲에서 괴물을 만났다고 하세요."

"네? 괴물이요?"

"네. 숲 밖의 마을 사람들은 멀리서 제 모습을 보고는 이 숲에 괴물이 있다고 믿고 있습죠. 가서 큰형님께 숲 속의 괴물을 만나서 붙잡혀 있다가 아침에야 겨우 도망쳤다고 하세요. 그러면 비토 도련님도 토마스 도련님을 크게 혼내지 않으실 거예요."

"하지만 아저씨는 아저씨가 만든 물건을 성에 공급한다고 하셨잖아요. 그러면 형들과 성에 있는 하인들도 아저씨가 괴물이 아니라는 것쯤은 다 알 텐데……."

"저는 제가 직접 물건을 가져다주지 않아요. 아이들을 통해서 물건을 보낼 뿐이죠. 그래서 제가 숲 속의 괴물이라는 것을 아는 사람은 아이들 말고는 아무도 없죠. 마침 오늘 제가 만든 자물쇠들을 성에 가져다주어야 하니까 아침 식사를 마치신 후에 아이들과 함께 성에 들어가시죠."

아침 식사를 마친 토마스는 수레에 자물쇠를 싣고 마리오, 마리엘과 함께 성으로 출발했어.

자, 여기까지가 내 이야기 중 첫 번째 이야기야. 바로 토마스와 함께 모험을 할 삼총사, 마리오와 마리엘을 만나는 이야기지. 이제부터는 이 아이들 앞에 닥쳐올 엄청난 모험이 기다리고 있어. 그 얘기가 궁금하다고? 그럼 잠깐만 기다려. 내 트렁크에서 두 번째 이야기보따리를 꺼내야 하니까 말이야.

경험론과 합리론

자기 자신이 감각에 의해서 외부의 대상을 안다고 주장하는 것을 '경험론'이라고 합니다. 예를 들면, 눈으로 보고 손으로 만져서 붉은 장미 한 송이가 있다는 것을 자신이 직접 안다는 입장이죠.

여러분도 생각만으로는 알 수 없는 일들이 많지 않나요? 직접 만져 보고 느껴야 알 수 있는 것들이 아마 더 많을 거예요. 한 송이 꽃을 보고 그 꽃의 향기를 알 수 있나요? 코를 통해서 꽃의 향기를 맡고 나서야 우리는 비로소 그 꽃이 어떤 향기를 가지고 있는지 깨닫게 됩니다.

그런가 하면 인간이 본래부터 가지고 있는 마음의 능력인 이성에 의해서 대상이 있다는 것을 안다고 주장하는 입장이 있습니다. 바로 '합리론'입니다. 내가 눈으로 보고 손으로 만진다고 해도 본래부터 가지고 있던 이성이 장미가 한 송이 있다는 것과 그 장미가 붉은색을 가지고 있다는 것을 알지 못하면 판단을 내릴 수 없다는 것이죠.

판단은 감각을 통해서 내려집니다. 하지만 감각은 늘 변한답니다. 한 송이 붉은 장미가 여기에 있다는 판단이 감각에 의해서 이루어질

수 없다는 입장처럼 말이죠. 따라서 나는 한 송이 붉은 장미가 여기에 있다는 것을 오직 이성에 의해서만 알 수 있다는 것입니다.

우리가 생활하면서 멀리 있는 나무를 보고 그 나무가 흐릿하게 보이더라도 그것을 '나무'라고 생각하지 '나무가 아니야'라고 말하지는 않을 것입니다. 이처럼 판단을 먼저 하고 난 후, 직접 보지 않고 만져보지 않아도 이성에 의해서 알고 있다는 입장이 합리론이라고 할 수 있습니다.

로카세카 성의 비밀

일의 기쁨이 없으면 삶의 기쁨도 없다.

–토마스 아퀴나스

1 큰형 비토

토마스와 그 일행은 대장장이 아저씨가 만든 물건들을 수레에 싣고 성으로 향했어. 성문을 지키고 있던 문지기가 그들을 맞았지.

"아니, 토마스 도련님!"

"어서 문을 열어라!"

"도련님, 살아 돌아오셨군요! 숲 속으로 가셨는데 이렇게 무사히 살아 돌아오시다니, 이건 기적이에요, 기적!"

"흠, 어서 문을 열라니까!"

"예, 예!"

"토마스와 마리오, 마리엘은 곧장 큰형인 비토를 만나기 위해 비토의 방으로 향했어.

"똑똑."

"누구야!"

"형, 저예요. 토마스."

"토마스라고?"

"들어와라."

비토의 목소리는 밖에서 듣기에도 화가 나 있다는 걸 알 만큼 거칠었어. 겁 많은 마리엘은 벌써부터 울 듯한 표정으로 오빠와 토마스를 번갈아 보았지. 방으로 들어가니 비토는 정원이 내다보이는 커다란 창 앞에 서 있었어.

"형, 잘 지냈어?"

토마스는 5년 만에 처음 보는 형의 모습이 무척 반가웠지.

"토마스, 너 어떻게 된 거냐!"

하지만 비토는 오랜만에 만난 동생에게 야단부터 치기 시작했어.

"베네딕토 수도원의 수도원장님은 네가 이틀 전에 도착할 거라고 미리 사람을 보내 알려 주셨는데, 도대체 뭘 하다가 이제 들어

온 거야!"

"형, 그게 저……."

"산타나 말로는 네가 마차에서 뛰어내려 도망쳤다고 하는데 그게 정말이냐?"

"아니, 그게 아니라……."

"그건 사실이 아닙니다!"

그때 고개를 숙이고 있던 마리오가 큰 소리로 끼어들었어.

"넌 누구냐!"

"전 숲 속에 사는 대장장이의 아들 마리오라고 합니다. 얘는 제 동생 마리엘이고요. 마리엘, 비토 도련님께 인사드려."

"아, 안녕하세요."

겁에 질려 고개를 푹 수그리고 있던 마리엘이 고개를 들면서 비토를 바라보았어. 마리엘의 크고 파란 눈이 비토를 보자 비토는 갑자기 얼굴이 붉어지면서 말을 잇지 못했어.

"어, 그래. 안녕."

"비토 도련님, 토마스, 아니 토마스 도련님은 도망을 친 것이 아닙니다."

마리오가 계속해서 말을 이어 갔어.

"토마스 도련님은 숲 속에서 마리엘이 외치는 소리를 듣고 달려와서 저희를 괴물의 손아귀에서 구해 주셨어요."

"뭐라고? 괴물이라고?"

"네. 비토 도련님은 숲 속에 산다는 털북숭이 괴물을 모르시나 보군요?"

"그런 게 있다는 소문을 듣기는 했다만……. 토마스 네가 그 괴물을 물리쳤다고?"

"완전히 물리치진 못했지만 괴물을 깊은 숲 속으로 쫓아 버렸어요."

토마스는 천연덕스럽게 거짓말을 해 나갔어. 대장장이 아저씨를 괴물이라고 하는 것이 미안했지만 이렇게라도 하지 않으면 성에서 완전히 쫓겨날지도 모르거든.

"치, 괴물이 세상에 어디 있어? 난 그런 것 따윈 믿지 않아. 너희들, 지금 거짓말하는 거지?"

"아니에요. 거짓말이라뇨? 절대 아니에요."

"너희들 말을 사실대로 믿는 건 아니지만, 이번 일은 그냥 넘어가 주지. 아버지가 편찮으시니까 말이야."

"아버지가 편찮으시다고요?"

“아버지가 너에게 말하지 말라고 하셔서 전하지 않았다만, 사실 아버지가 많이 편찮으시다. 아마도 곧 보내 드려야 할 것 같아.”

“그런 일이……. 아버지!”

토마스는 소리를 지르며 방을 뛰쳐나갔어.

“그럼 저희는 이만 가 보겠습니다.”

“그래. 흠흠, 그리고……, 마리엘이라고 했지?”

“네, 도련님.”

“숲 속 괴물 때문에 위험할지도 모르는데, 괜찮다면 우리 성에 들어와서 살아도 좋아. 우리 성은 넓고 방도 얼마든지 많으니까 말이야.”

“네? 아니에요. 폐를 끼칠 수는 없죠.”

“어차피 너희 아버지가 우리 성의 일을 도맡아서 해 주고 있으니 들어와서 살아도 좋아.”

“감사합니다. 아버지께 여쭤 볼게요.”

마리오와 마리엘은 손을 붙잡고 나왔어. 비토는 그들의 뒷모습을 오래오래 바라보고 있었어.

2 아버지의 죽음-
철학은 신학의 하녀이다

토마스는 아버지가 있는 방으로 들어갔어. 아버지는 침대에 누워 계셨지.

"아버지!"

"오, 내 아들 토마스가 왔구나. 토마스!"

토마스는 막내아들이었기 때문에 아버지는 토마스를 특별히 더 귀여워했어.

"토마스, 어디 얼굴 좀 보자꾸나."

“아버지, 많이 편찮으신 거예요? 얼른 기운을 차리셔야죠.”

“아니다. 나는 이미 늦은 것 같구나.”

“아버지, 그런 말씀 하지 마세요.”

“토마스, 베네딕토 수도원장님의 편지를 보았다. 네가 수도원에서 1등을 차지했더구나. 내 앞에서 배운 것을 어디 한번 말해 보렴.”

“아버지께서 이렇게 편찮으신데…….”

“나는 괜찮다. 네가 가서 배운 것을 듣고 싶을 뿐이야. 내가 너에게 질문을 해 보마. ‘철학은 신학의 하녀이다’ 라는 말의 뜻은 뭐지?”

“그 말은 대다수의 신학자들이 주장하는 말인데요, 신앙이 철학에 앞선다고 보는 의견입니다.”

“좀 더 자세히 설명해다오.”

“신앙은 신의 말씀에 대한 믿음이고, 이성은 인간의 생각하는 능력을 말하는 것입니다. 따라서 믿음과 이성을 비교한다면 당연히 믿음이 앞선다고 생각하는 것입니다. 자세히 말하자면 하느님이 존재한다든가, 신은 모든 것을 다 할 수 있다든가, 신은 한 분만 계시다든가 하는 것을 증명해야 하는데, 여기에는 두 가지 방법이 있습니다."

"어떤 방법이지?"

"하나는 철학자의 방법이고 다른 하나는 신학자의 방법입니다. 인간의 생각하는 능력에 따라 증명하는 것은 철학자의 방법이고, 성경을 바탕으로 증명하는 것은 신학자의 방법이라고 할 수 있습니다."

토마스는 말도 더듬지 않고 술술 얘기해 나갔어. 워낙 토마스가 똑똑하기도 했지만 아버지 앞에서 그동안 자신이 배운 것을 뽐내고 싶었던 거야. 그게 아버지에게 마지막으로 해 줄 수 있는 일이라고 생각했던 거지. 아버지는 아픈 기색을 참고 미소를 지으며 말했어.

"그래, 그럼 신이 실제로 계신다는 걸 증명하는 다섯 가지 방법도 다 알고 있겠구나."

"네? 아버지, 사실은……."

토마스는 갑자기 식은땀을 흘리기 시작했어. 사실 그 부분은 다음 주에 배우기로 되어 있었거든. 그런데 토마스가 방학을 맞아 성으로 오는 바람에 그 부분을 배우지 못하고 온 거야. 아버지를 실망시켜 드리기는 싫었지만 토마스는 사실대로 아버지께 말씀드리기로 했어.

“아버지, 그 부분은 아직 배우지 못했습니다.”

“그래? 그렇구나. 앞으로 수도원에 돌아가면 신이 계시다는 걸 증명하는 다섯 가지 방법을 열심히 배우려무나. 그리고 네 형들에게도 꼭 가르쳐 주고. 알았느냐?”

“네, 아버지. 걱정 마세요.”

“토마스, 참 기특하구나. 아버지가 너를 수도원에 보낸 보람이 있구나.”

“네, 아버지.”

“내가 너에게 부탁이 있다.”

“그게 뭐예요, 아버지?”

“아버지의 마지막 부탁이니 꼭 들어줬으면 한다. 아버지의 소원은 네가 베네딕토 수도원에서 더 열심히 공부해서 수도원장이 되는 거야. 들어줄 수 있겠지?”

“그건, 아버지…….”

“너는 막내지만 어려서부터 다른 형제들과는 비교도 되지 않을 만큼 영리했단다. 네가 수도원장이 되어서 우리 가문을 더 훌륭하게 빛내 주길 바란다.”

신
철학자의 방법
난 생각할 수 있다.
그래서 신이 하나임을
증명할 수 있다.

God
신학자의 방법
이 성경으로
신이 하나임을
증명 하리라.
성경

"아버지."

"나는 너를 믿는……."

갑자기 아버지가 콜록콜록 기침을 하기 시작했어.

"아버지! 정신 차리세요, 아버지!"

하지만 토마스의 아버지 란돌프 백작은 눈을 감고 영영 일어나지 못했지.

3 토마스의 고민-신앙이란 무엇인가

아버지가 돌아가신 후로 토마스는 자기 방에 틀어박혀 한동안 나오지를 않았어. 슬픔도 컸지만 고민 또한 있었기 때문이지. 무슨 고민인지는 너희들도 어느 정도 눈치 채고 있겠지? 그래, 바로 아버지가 남긴 유언 때문이야. 베네딕토 수도원의 수도원장이 되어 달라는 아버지의 유언을 따라야 하는가에 대해서 고민이 많았던 거지. 토마스가 방에서 고민을 거듭하고 있는 동안 마리오와 마리엘은 토마스가 걱정이 되어 여러 번 찾아왔지만 토마스를 만날 수가 없었어.

그날도 여느 때와 다름없이 마리오와 마리엘은 토마스의 방을 찾았어.

"똑똑."

"토마스, 우리야. 문 좀 열어 봐."

"……."

"오빠, 토마스 오빠가 오늘도 우리를 만나기 싫은가 봐. 그냥 돌아가자."

"휴! 언제까지 이럴 건지……."

마리오는 토마스가 걱정이 되는지 한숨을 내쉬었어.

"그럼, 토마스! 우리는 이만 가 볼게. 내일 또 올게."

그때였어. 한 달 동안이나 닫혀 있던 토마스의 방문이 열린 거야.

"들어와."

토마스는 마리오와 마리엘을 방으로 들인 뒤에 방문을 닫았어. 토마스의 얼굴은 한 달 새 몰라볼 정도로 해쓱해져 있었어.

"토마스! 어떻게 된 거야? 아버지가 돌아가셔서 슬픈 건 알지만 그렇다고 우리까지 외면하다니! 이런 의리도 모르는 자식 같으니라고!"

"오빠, 지금 그런 것을 탓할 때가 아니잖아. 토마스 오빠, 괜찮아요? 도대체 무엇 때문에 그렇게 고민을 하고 방에서 나오지 않은 거야?"

토마스는 친구들에게 자신의 사정을 설명했어.

"아, 그렇구나. 너에게 그런 고민이 있었구나. 나는 그런 것도 모르고……. 그래서 앞으로 어떻게 할 셈이야?"

"아직 나도 잘 모르겠어. 아버지의 유언을 따라야 할지, 아니면 내 길을 가야 할지. 너희들의 의견을 듣고 싶어. 마리엘은 어떻게 생각하니?"

"난 잘은 모르지만 오빠가 신앙에 대해서 어떻게 생각하고 있는지가 가장 궁금해. 오빠가 그동안 공부한 것을 되새기다 보면 결정을 내릴 수 있을지도 모르잖아."

"그럴까? 나는 태어나기 전부터 하느님을 믿어 왔어."

"태어나기 전부터? 그게 가능해?"

"그럼. 어머니가 하느님을 믿고 기도를 하셨으니까. 나는 어머니 배 속에서부터 신앙을 가졌다고 할 수 있지. 그런 것을 모태 신앙이라고 해."

"그런데 도대체 신앙이 뭐야? 너희들 오두막에서 이야기할 때부터 신앙, 신앙 했잖아. 신앙이 신에 대한 믿음이라는 건 알겠는데, 도대체 신앙이 다른 믿음과 다른 점이 뭐야?"

"다른 믿음이라니?"

"예를 들어 나는 나 자신을 믿고 또 아버지를 믿는데 그건 신앙과는 다른 거야?"

"그럼 다른 거지. 이제부터 내가 신앙을 우리들이 느끼는 감정과 지식에 비교해서 말해 볼게. 잘 들어 봐."

토마스의 수척한 얼굴에 갑자기 기쁜 빛이 돌았어.

"나는 우리들 인간의 영혼(마음이나 정신)은 크게 세 가지로 나누어진다고 생각해. 그 세 가지가 뭐냐면 지성과 감정과 의지야. 지성은 흔히 이성이라고 일컬어지기도 해. 즉 인간이 생각하고 이해하는 능력이지. 예를 들면 수학 문제를 풀거나, 게임을 할 때에도 많은 지성이 필요하겠지?"

"치, 나도 그 정도는 안다고. 우리가 알고 있는 상식이란 것도 지성이 없으면 나올 수 없잖아. 그렇지?"

"보통 사람들은 그렇게 생각하지. 상식이란 우리가 살아가는 데 필요한 가장 쉬운 지식이라고 할 수 있으니까. 예를 든다면 우리가 가지고 있는 상식엔 뭐가 있을까, 마리엘?"

"글쎄. 아빠가 평소에 이가 튼튼하면 건강하게 오래 산다며 양치질을 열심히 하라고 하셨어. 이런 것도 상식이 될 수 있을까?"

"그럼, 그게 바로 상식이야. 그런데 이 상식은 맞을 수도 있고, 틀릴 수도 있어."

"그럼 감정과 신앙은 어떻게 다른 거야? 나는 마을에 나왔다가 예쁜 여자 아이를 보면 그 아이와 이야기를 하고 싶고 같이 놀고 싶은 마음이 솟구치면서, 그 아이도 나를 좋아하리라고 믿는 마음이 강해지거든."

"아이고, 오빠도 참. 그건 믿음이 아니라 왕자병 아니야?"

"뭐라고? 이게 오빠한테!"

마리오는 마리엘의 머리를 '콩' 하고 쥐어박았어. 토마스는 마리엘을 도와줄 생각도 않고 무언가 생각에 사로잡혀 골똘한 모습이었어.

"마리오, 그건 약간 복잡한데, 감정 중의 대표적인 것엔 '쾌'와 '불쾌'라는 것이 있어."

"쾌와 불쾌?"

"쾌는 즐겁고 기쁜 것을 말하는 것이고, 불쾌는 싫어하고 미워하는 감정을 말하는 거야. 사랑을 예로 들면, 그것은 간단히 말해서

지성
1+2=3
7-2=5
11+23=3
감정과 의지
인간의 영혼은,
지성, 감정, 의지로
이루어져 있어.
지성?
감정과
의지?

누군가를 좋아하는 감정이지. 그런데 신앙은 의지가 있어야만 해. 어떤 여자 아이가 제아무리 못생겼다고 할지라도 네 자신이 그 여자 아이를 위해서 무엇이든지 할 수 있고, 그렇게 해서 네 마음이 편할 수 있다면 너는 그 여자 아이를 믿는다고 말할 수 있어. 기독교 신앙은 신의 말씀에 나의 모든 것을 맡기고 의지함으로써 나의 행복을 얻는 것이라고 말할 수 있거든."

"음……."

"이제 알겠니?"

"결국 마리오 오빠는 마을에서 본 여자 아이가 예쁘지 않다면 좋아하지 않을 거고, 그 여자 아이에 대한 믿음이 없다고 할 수 있겠네. 그렇지?"

마리엘은 계속 마리오를 놀려 댔어. 얌전한 줄만 알았던 마리엘이 장난치는 모습을 본 토마스 또한 기분이 한결 좋아졌어.

"그런데 오빠."

마리엘은 마리오를 계속 놀려 대다가 다시 진지한 눈빛으로 토마스를 보았어.

"신앙에 대해서 다시 생각해 보니 오빠의 마음이 어느 쪽으로 가는 것 같아? 아까 그 문제에 대해서 어떤 답이 나왔는지 궁금해."

"그래, 마리엘 네 말대로 신앙에 대해서 이렇게 저렇게 생각하다 보니 결정을 할 수 있을 것 같아. 난 역시 평범한 많은 사람들이 신앙에 대해서 가지고 있는 생각을 알고 싶고, 잘못된 것이 있다면 바로잡아 주고 싶어. 베네딕토 수도원장의 길도 훌륭한 길이지만, 역시 나에게는 평범한 사람들을 많이 만날 수 있는 수사의 길이 낫겠어."

“난 오빠가 처음부터 현명한 선택을 할 줄 알았어. 결정을 내리게 된 것을 축하해, 오빠.”

“그런데, 앞으로 어떻게 할 거야?”

옆에서 가만히 듣고만 있던 마리오가 입을 열었어.

"어떻게 하다니, 뭘?"

"형들도 네가 아버지의 뜻을 그대로 따르길 바란다며? 네가 수사가 된다고 하면 형들의 반대가 만만치 않을 텐데."

"음, 나도 그게 문제라고 생각해. 어떻게 하면 좋을지……."

"나한테 좋은 생각이 있어."

"뭔데?"

"몰래 도망치는 거야!"

"오빠, 그게 무슨 좋은 생각이야?"

뭔가 좋은 방법이 나올 줄 알고 기대하고 있던 토마스와 마리엘은 힘이 빠져 버렸어.

"마리엘, 너도 큰형인 비토 도련님을 봐서 알겠지만, 순순히 토마스를 도미니크 수도원으로 보내 줄 것 같지 않아. 그럼 몰래 도망을 가는 수밖에. 그렇지 않니?"

"하긴……."

"그런데 토마스 오빠가 무슨 수로 도망을 쳐? 돈도 없고 당장 타고 갈 마차도 없잖아."

"마차는 우리 아빠가 만들어 줄 거야. 말은 마구간지기가 잠든 틈을 타서 몰래 한 마리 빼 오면 되는 거고. 그리고 돈은……."

"돈은 충분히 있어. 아버지가 돌아가시면서 내게 물려준 유산이 꽤 되거든."

"그래, 그럼 다 해결되었잖아. 이제 언제 떠날 건지만 정하면 돼."

"정말 그렇게 떠나는 거야, 토마스 오빠?"

마리엘은 토마스가 자신의 뜻을 펼치길 바랐지만 막상 떠난다니 매우 슬픈 모양이야.

"마리엘, 가서 종종 편지 쓸게. 형들도 화가 좀 가라앉으면 성에 자주 놀러 올 거야."

"그래도……."

"자, 자, 이럴 시간이 없어. 떠나려면 가능한 빨리 떠나는 게 좋겠어. 혹시 우리의 계획을 눈치 챌지도 모르니까 말이야."

4 파리로! 파리로!

"너무 서두르면 안 돼."

"왜? 시간이 없잖아."

"일단 도미니크 수도원에도 내가 가서 공부하겠다는 뜻을 전해야 해. 허가도 받지 않고 무작정 갈 수는 없는 일이잖아."

"그럼 어쩌지?"

"산타나를 시켜서 도미니크에 먼저 알리고, 그동안에 우리는 여러 가지 준비를 해 놓는 게 낫겠어."

"그래, 그럼 너는 산타나를 불러 편지를 써 주고 도미니크로 보내. 마리엘과 나는 아버지께 마차를 만들어 달라고 부탁해 볼게."

"그래, 그럼 부탁해."

마리오와 마리엘은 숲으로 향했어. 대장장이 아버지는 당연히 토마스를 위해서 마차를 만들어 주겠다고 약속했지.

"그런데 언제까지 다 만들어야 하는 거냐?"

"빠르면 빠를수록 좋아요, 아버지."

"하, 이거 참. 도미니크 수도원까지 가려면 튼튼한 마차를 만들어야 하는데 가다가 바퀴라도 빠지면 큰일이거든."

"아빠, 전 아빠의 실력을 믿어요. 아빠는 세상에서 제일 튼튼한 마차를 만드실 거예요."

"그런데, 너희들은 어떻게 할 거냐?"

"네? 뭘요?"

"너희들도 이번 기회에 수도원에 들어가 신학을 공부해 보지 않겠니?"

"네? 저희들도요?"

아이들은 눈을 동그랗게 뜨며 아버지를 바라보았어.

"그래. 이 아버지가 생각해 봤는데, 아무래도 너희들이 이 숲 속에서 대장간 일이나 하며 지내기엔 너무 아깝다는 생각이 드는구나. 특히 마리엘은 신학에 대해 관심도 큰 것 같고. 그렇지 않니?"

"하지만 아빠, 아빠 혼자 이 깊은 숲 속에서 혼자 지내실 것을 생각하면……."

"내 걱정은 하지 말거라. 난 여기가 편해. 그리고 너희들이 훌륭한 신학자가 되어 돌아와 준다면 나에게 그것만큼 기쁜 일이 또 어디 있겠니? 만약에 토마스 도련님이 너희들과 같이 가는 것을 기쁘게 생각하신다면, 너희들도 수도원에 들어가 열심히 공부하거라. 알겠지?"

"네, 알았어요, 아빠. 아마 토마스도 우리와 함께 가고 싶을 거예요. 그 녀석이 아무리 용감한 척해도 사실은 굉장한 겁쟁이거든요. 히히."

"그럼 셋이 탈 수 있는 마차를 만들어야겠구나. 말도 한 마리 더 필요하겠고."

그러는 사이에 일주일이 지나갔어. 도미니크 수도원에 편지를 가지고 간 산타나는 서두른 덕에 예정보다 일찍 성에 도착할 수 있었어.

"토마스 도련님! 도련님! 접니다. 산타나요! 제가 도미니크 수도원장님의 답장을 가지고 왔습니다요, 도련님!"

"쉿! 산타나 아저씨, 조용히 좀 하세요. 다른 사람들이 들으면 어쩌려고 그래요? 조용히 하고 어서 편지나 좀 꺼내 보세요!"

언제나 신중한 마리엘이 산타나에게 주의를 주었어. 편지에는 이렇게 적혀 있었어.

토마스 아퀴나스 형제께

우리 도미니크 수도원에 들어와 수사가 되어 평범한 사람들을 만나며 하느님의 말씀을 전하겠다는 형제님의 뜻을 잘 알았습니다. 분명히 하느님도 기뻐하실 거라 생각합니다. 우리 도미니크 수도원은 형제님의 큰 뜻을 받아들여 입학을 허가하겠습니다.

"와! 입학을 허가한대! 정말 잘됐다! 그렇지?"

토마스가 기쁨을 감추지 못하고 떠들어 댔어.

"쉿, 나머지를 마저 읽어 보자."

그런데 집안의 반대가 심하다고 해서 우리 도미니크 수도원은 형

토마스 아퀴나스 형제께
우리 도미니크 수도원에 들어와 수사가
되어 평범한 사람들을 만나며 하느님의
말씀을 전하겠다는 형제님의 뜻을 잘
알았습니다. 분명히 하느님도 기뻐하
실 거라 생각합니다. 우리 도미니크 수
도원은 형제님의 큰 뜻을 받아들여 입
학을 허가하겠습니다.

제님께서 무사히 수도원까지 올 수 있는 방법을 생각해 보았습니다. 우선, 도미니크 수도원으로 곧장 오실 게 아니라 파리로 오시는 게 낫다는 생각이 드는군요.

"파리? 프랑스의 수도 파리 말이야? 그럼 우리 프랑스에 가는 거야?"

"오빠, 쉿!"

혹시 집안에서 형제님을 뒤쫓아 올 경우를 대비하여 그렇게 하는 것이 좋을 것 같습니다. 일단 파리에 도착하면 형제님과 형제님의 일행을 저희 수도원까지 무사히 모시고 올 사람들이 기다리고 있을 것입니다. 파리까지 쉬지 않고 오는 건 힘드실 테니 중간에 있는 '투스카니'라는 숙소에서 하루 쉬었다 오십시오. '투스카니'에 도착해서 형제님의 이름을 대면 아마 친절히 도와줄 것입니다.

그럼 형제님의 앞날에 하느님의 은총이 있기를 빕니다.

도미니크 수도원장 드림

"됐다! 수도원에서 이렇게 발 벗고 도와주니 앞으론 어려움이 없겠지? 다 잘될 거야!"

"오빠, 너무 그렇게 좋아만 하지 마. 난 앞으로 파리까지 갈 일이 너무 걱정된단 말이야."

"마리엘, 넌 왜 아직 일어나지도 않은 일을 걱정하고 있니? 자, 말도 준비됐겠다, 마차도 준비됐겠다, 우린 이제 떠나기만 하면 되는 거야!"

"그런데 오빠, 파리까지 가는 길은 알아?"

"그럼. 내가 마을의 장사꾼을 꼬드겨서 지도까지 구해 놨는걸!"

"그럼 오늘 밤에 출발하기로 하고 조금 쉬는 게 어떨까? 말과 마차가 있다 해도 파리까지 가는 길은 그리 쉽지 않거든."

그들은 긴 여행을 앞두고 좀 쉬기로 했어. 마리오와 마리엘은 아버지에게 마지막 인사를 하러 갔고, 토마스는 성의 가장 높은 탑에 올라가 나폴리 곳곳을 내려다보았어. 토마스는 자신이 태어나고 자란 나폴리를 영영 떠난다는 게 슬펐을지도 몰라. 부모님이 모두 돌아가셔서 이제 토마스에게 남은 가족이라곤 심술꾸러기 형들밖엔 없지만 말이야. 토마스가 바라보는 나폴리 항구 저 너머로 해가 지면서 아름다운 노을을 만들어 내고 있었어.

인식론

토마스 아퀴나스는 앎의 이론, 즉 인식론에 있어서 실재론자였답니다. 실재론이란 말이 좀 어렵죠? 사물들이 정말 이 세상에 존재하고 있다는 입장을 '실재론'이라고 한답니다. 예를 들면 소, 돼지, 꽃, 강, 물, 사람 등이 그림자나 꿈의 대상이 아니라 실제로 있다고 여기는 것이지요.

이러한 토마스 아퀴나스의 이론은 바로 경험론과 합리론을 합친 입장이에요. 지식이 이루어지는 바탕을 경험을 통해 얻는다고 보는 입장이 '경험론'이고, 지식이 이루어지는 것을 이성을 통해서 얻는다고 생각하는 입장이 '합리론'이라고 앞에서 설명했었죠?

우리는 우선 감각을 통한 경험에 의해서 외부의 물건들을 직접 느낍니다. 하지만 그것들이 무엇인지는 아직 판단을 내릴 수가 없답니다. 그러니까 사물들의 일반적인 의미를 알고 판단하는 것은 분별력(본성)이라고 말할 수 있겠죠.

우리의 감각기관은 외부 물건들의 성질에 의해서 자극을 받아들이

게 되어 있답니다.

눈, 귀, 코, 혀, 신체는 다섯 가지 감각기관으로 각각 시각, 청각, 후각, 미각, 촉각 등의 감각을 읽어 내는 기관이랍니다. 그렇다면 감각이란 무엇일까요?

시각, 청각, 미각 등은 감각이겠죠. 예를 들어 붉은 고추가 있다면, 우리의 눈은 붉은 고추에 자극을 받아서 붉은색이라는 지각을 형성하게 된답니다. 더 쉽게 말하면 우리의 시각은 붉은 고추에 반응함으로써 붉은색을 붉다고 깨닫게 되는 것이죠.

그렇지만 감각 경험만 가지고 진정한 앎(지식)이 이루어지기는 어렵답니다. 감각 경험과 지성적 판단이 함께 이루어질 때야 비로소 우리들은 어떤 대상을 확실하게 알 수 있답니다.

삼총사의 위기

사랑하며 살지 않으면 누구도 진정으로 기쁨을 맛볼 수 없다.

–토마스 아퀴나스

1 투스카니

어느덧 밤이 깊었어. 토마스는 응접실에서 형들과 함께 저녁 시간을 보내고 있었지. 큰형 비토가 토마스에게 말했어.

"토마스, 베네딕토 수도원의 수도원장님이 다음 주 중에 네가 수도원으로 돌아왔으면 하는 편지를 보냈다."

"응? 수도원장님이?"

"그래. 아버지의 장례도 치렀으니 너도 슬슬 수도원으로 돌아갈 준비를 해야지."

"으응, 그래야지."

토마스는 할 수 없이 대답했지만 속으로는 이런 생각을 하고 있었어.

'베네딕토 수도원장님께는 죄송하지만 난 베네딕토 수도원으로 돌아가지 않아. 정말 미안해, 형.'

그때, 밖에서 이상한 소리가 들렸어.

"야옹, 야오옹."

"이게 무슨 소리지? 고양이 울음소리치곤 이상한데?"

둘째 형 마르코가 말했어. 마르코는 큰 키에 빼빼 마른 몸인데 평소에도 의심이 아주 많은 성격이었어.

"왜? 난 아무렇지도 않은데? 그냥 흔한 고양이 울음소리 같아. 그나저나 이 딸기 파이 정말 맛있는걸? 토마스, 너 그 파이 안 먹을 거면 나에게 주지 않을래?"

셋째 형인 파올로가 토마스의 대답이 떨어지기도 전에 접시를 가져가 버렸어.

"으응, 형 다 먹어. 난 졸려서 이만 자야겠어."

"벌써 잔다고? 아직 달이 기울지도 않았는데? 그러지 말고 나랑 카드 게임 한 번 더 하자. 네가 아니면 재미없단 말이야."

놀기만 좋아하는 넷째 형 프랑코의 말이었다.

"형, 난 도저히 안 되겠어. 아까 마리오를 따라 사냥 연습을 갔다 와서 그런지 무척 피곤해. 오늘은 일찍 자야겠어. 정 심심하다면 안젤로 형과 같이 해."

"안젤로, 그 잠꾸러기 말이야? 그 애는 벌써 자러 가고 없지. 다섯째는 하도 잠이 많아서 저녁도 먹지 않고 잠을 자러 간단 말이야."

그런데 그때 또 '야옹' 하는 소리가 들려왔어.

"저놈의 고양이! 산타나는 고양이들을 쫓아 버리지 않고 도대체 뭐 하는 거야? 산타나! 산타나!"

"산타나는 아까 기도드리러 기도 방으로 가던데? 내가 자러 가면서 쫓아 버릴 테니까 걱정 마. 그럼 형들 모두 잘 자."

"그래, 너도 잘 자라."

'그리고 모두 몸 건강히 지내. 안녕.'

토마스는 마음속으로 형들에게 작별 인사를 했어. 그리고는 성의 가장 높은 곳에 있는 자신의 방으로 올라갔어. 거기서 마리오와 마리엘을 기다렸지.

"똑똑."

"누구야? 암호를 대라."

"암호는 '철학은 신학의 하녀이다'."

"마리오 군. 들어오게."

"짐은 다 쌌어?"

"짐이야 미리 다 싸 놨지. 그런데 너 고양이 울음소리를 그렇게 내면 어떻게 해?"

"내가 뭘?"

"네가 고양이 울음소리를 이상하게 내는 바람에 의심 많은 둘째 마르코 형한테 들킬 뻔했다고."

"나는 최선을 다했어. 그런 실랑이를 할 게 아니라 어서 나가자. 오늘은 보름달이 뜨는 밤이라 달이 중천에 뜨면 너무 밝아 나갈 수가 없단 말이야."

"그러면 어떻게 하지? 형들이 다 잠들면 나가기로 했잖아?"

"나도 그러려고 했는데 작전 변경이야. 오늘이 보름달이 뜨는 밤이라는 걸 깜박 잊었지 뭐야. 도련님들이 모두 잠들기를 기다리다간 너무 환해져서 나가기가 어려워."

"그럼 난 어떻게 하지, 오빠?"

"이럴 줄 알고 내가 다 방법을 마련해 놨지."

"무슨 방법?"

"아버지에게 물어 이 성의 비밀 통로를 알아 놨어."

"비밀 통로?"

"응. 아버지가 이 성을 지을 때 비밀 통로와 비밀 감옥의 문과 창살을 만들었대. 그래서 이 성의 미로 같은 구조와 함정들을 다 알고 계시더라고. 도련님들에게 들키지 않고도 비밀 통로를 통해 성을 나갈 수 있을 것 같아."

"어머! 감옥? 이 성에 감옥도 있단 말이야?"

겁 많은 마리엘이 눈을 동그랗게 떴어.

"나도 형들이 이야기하는 걸 대충 듣긴 했는데, 아버지의 아버지, 그러니까 우리 할아버지는 무척 괴팍한 분이셨대. 그래서 우리 영토에 죄를 지은 사람이나 말을 듣지 않는 사람을 데려다 지하 감옥에 넣고 고문을 했다는 거야. 그런데 우리 아버지가 영주가 되면서 그 감옥과 통로를 다 닫아 버리셨어. 그래서 지금은 쓰지 않는 거라고 하셨어."

"그래, 바로 그 통로야. 나를 따라와."

마리오는 촛불을 들고 토마스의 방을 나와 성의 맨 꼭대기로 올라갔어.

“어쩌자는 거야, 오빠? 여기는 연기가 나오는 굴뚝이잖아.”

“사실 이게 굴뚝인 것처럼 보여도 이건 눈가림용일 뿐이야.”

“눈가림용?”

“그래. 토마스 넌 여기서 연기가 나오는 걸 본 적이 있니?”

“아, 아니.”

“이건 굴뚝처럼 만들어 놓은 비밀 통로야. 자, 여길 봐. 여기 벽돌 중 하나를 이렇게 빼내면…….”

마리오가 설명과 함께 벽돌 하나를 빼자, 거기서 조그만 문고리가 나왔어.

“어? 이건 문을 여는 손잡이잖아?”

“그래. 이걸 잡아당기면…….”

마리오가 손잡이를 잡아당기자 거짓말처럼 끼익, 하는 소리와 함께 굴뚝의 한쪽 면이 움직이기 시작했어. 네모지게 생긴 굴뚝의 한 면이 사실은 비밀 통로로 향하는 문이었던 거야.

“야, 너 정말 대단하다. 이 성에 사는 나보다 더 잘 알고 있다니.”

“사실은 나도 이것밖에 몰라. 아버지가 말씀하시길, 이 성에는 이것보다 더 많은 통로와 감옥들이 있대. 그건 그렇고, 어서 빨리 내려가자."

삼총사는 촛불을 밝히며 조심스레 구불구불한 계단을 내려갔어. 한참을 그렇게 걷고 나니 성의 정문이었어.

"우리가 약속한 대로 문지기는 없겠지?"

"응. 문지기와 산타나는 아까 내가 준 돈을 가지고 마을로 갔어. 아마 마을에서 열리는 축제에서 예쁜 누나들과 함께 즐겁게 놀고 있을걸?"

그들은 대장장이가 마련해 준 3인용 마차가 세워진 곳으로 향했어. 좋은 말들만 골라서 묶어 놓은 근사하고 튼튼한 마차였지.

"자, 그럼 파리를 향해서 떠나 볼까?"

"그래, 그럼 출발!"

"아차차! 오빠들 잠깐만 기다려 줘."

"왜 그러니, 마리엘? 무슨 일이야?"

마리엘은 묻는 말에 대답도 하지 않고 마구간 쪽으로 뛰어갔어. 그리고는 잠시 뒤 헉헉거리며 돌아왔지.

"뭘 했어, 마리엘?"

"혹시 몰라서 말들을 다 풀어 주고 왔어."

"응? 말들은 왜?"

“혹시 도련님들이 우리가 도망친 것을 알고 뒤쫓아 오게 되더라도, 말들이 없으면 쫓아오지 못할 테니까.”

“이야, 정말 머리 좋다, 마리엘.”

“그럼, 누구 동생인데?”

마리오가 더욱 자랑스러워했어. 그들은 그렇게 나폴리를 떠나게 되었지. 보름달이 뜬 밤이었어.

2 두 가지 종류의 신학

삼총사가 탄 3인용 마차는 덜컹거리며 첫 번째 목적지인 투스카니로 향했어. 가다가 길을 잘못 들어 다시 돌아갔다가 가기를 여러 차례 반복했어. 마리오가 자꾸 조는 바람에 말들이 제멋대로 갔기 때문이야. 결국 마리오는 마차 뒤에 달린 천막 안에서 잠을 조금 청하기로 하고 토마스가 말을 몰게 되었지.

"마리엘, 피곤하지 않아? 무척 졸려 보이는데 마리오와 함께 눈 좀 붙이지 그래?"

"아니야. 난 하나도 안 피곤해. 오빠들이 피곤하지 뭐. 나까지 자버리면 오빠가 심심하잖아."

"헤헤. 그런가? 그럼 우리 서로 묻고 답하는 게임이나 해 볼까?"

"그래, 좋아. 대신 주제는 신학에 관한 걸로만 하기로 하자."

"그럼 지루하지 않겠어?"

"지루하기는. 곧 도미니크 수도원에 들어가면 다른 사람들과 공부를 같이하게 될 텐데. 난 그동안 배운 것도 없고, 그렇다고 다른 사람들에게 뒤지기도 싫단 말이야."

착하고 얌전하기만 한 마리엘에게 이런 면이 있다니 토마스는 속으로 놀랐어.

"그래, 그럼 내가 배운 것들을 알려 줄게. 잘 될지는 모르겠지만."

"응. 고마워, 토마스 오빠."

"그럼 네가 먼저 궁금한 것을 물어볼래?"

"오빠, 아까 우리가 만날 때 암호를 '철학은 신학의 하녀이다' 라고 했잖아. 그런데 도대체 철학은 뭐야?"

"음, 철학은 쉽게 말해서 추리하는 작업이야!"

"추리?"

"응. 알고 있는 것을 바탕으로 모르는 것을 알아내는 게 바로 추리란다."

"음, 반지를 훔친 범인을 추리하는 것처럼 말이야?"

"그렇지. 철학이란 것은 이 추리를 바탕으로 해야 해. 철학은 과거나 현재의 지식으로부터 새로운 지식을 이끌어 낸단다. 어떻게 보면 새로운 지식을 발견하는 일이라고 볼 수도 있어. 그럼 추리라는 것을 어떻게 알려 줄까? 음, 어떤 예가 좋을까? 그래, 이런 게 좋겠다. 마리엘, 네가 오늘 점심에 보통 때 먹지 않던 매운 고추를 먹었더니 땀이 많이 나고 속이 몹시 아팠다고 하자."

"응."

"그럼 내일도 고추를 먹으면 어떻겠니?"

"그야 당연히 내일도 고추를 먹으면 역시 속이 아프고 땀이 많이 나겠지."

"그렇지? 간단하지만 지금 우리가 방금 한 것도 추리라고 할 수 있어. 이 추리를 바탕으로 새로운 지식을 발견하고 이끌어 내는 것이 바로 철학이야."

"음, 이젠 철학이 무엇인지 알겠어. 그럼 철학과 신학은 어떻게 다른 걸까?"

"음, 이건 아주 중요한 이야긴데. 우리 마리오를 깨워서 같이 이야기해 보는 게 어떨까?"

"마리오 오빠를? 오빠는 들어도 모를 텐데."

"아니야. 마리오가 공부하기를 싫어해서 그렇지 사실은 머리도 좋고 영리한 녀석이야."

그때 뒤에서 부스럭거리는 소리가 났어.

"무슨 얘기들을 한 거야? 자면서 내 이름을 들은 것 같은데! 너희들, 내 욕하고 있었지?"

"아니야, 오빠. 욕은 무슨. 토마스 오빠가 오빠 머리가 아주 좋다고 칭찬해 줬는걸?"

"내 머리가 좋다고? 헤헤. 그건 사실이지. 에헴!"

"그런 의미에서 마리오, 어차피 심심한 밤길을 가는 김에 우리 신학과 철학에 대해서 공부해 보는 게 어때?"

"공부라고? 어휴, 난 공부라면 질색인 거 알잖아?"

"그렇지만, 마리오. 지금 우리가 가려고 하는 도미니크 수도원에는 여러 지방에서 온 학생들이 있어. 로마, 플로렌스, 베네치아……. 네가 거기 가서 꼴등을 한다면 그 녀석들이 너를 시골뜨기 취급하면서 무시할 텐데, 그래도 괜찮아?"

"뭐, 시골뜨기? 내가 왜 시골뜨기야? 이 몸이 그래도 나폴리에선 알아주는 몸인데 무시를 당하고 있을 수만은 없지. 그래, 어디 한번 들어나 보자. 도대체 무슨 이야기야?"

'어이쿠, 누가 남매 아니랄까 봐 지는 건 되게 싫어하는군.'

토마스는 속으로 웃으면서 말을 이어 나갔어.

"자, 그럼 계속 이야기해 볼게. 그런데 어디까지 했더라, 마리엘?"

"철학과 신학의 다른 점에 대해서 이야기할 차례야, 토마스 오빠."

"철학과 신학? 둘 다 머리 아픈 공부라는 점에선 똑같은 것 아니야?"

"아니야. 철학과 신학은 분명히 다른 거야. 철학은 어디까지나 지식을 추리하는 것을 바탕으로 삼아. 그렇지만 신학은 종교적 신앙을 근본으로 삼지. 신앙이 뭔지는 내가 전에 숲 속 오두막에서 얘기해 줘서 알지?"

"그럼. 이제 신학에 대해서 좀 더 자세히 이야기해 줘. 철학과 신학의 다른 점은 잘 알았으니까 말이야."

마리엘이 호기심 어린 표정으로 토마스를 보며 졸라 댔어.

성서
사랑
축복
믿음
성서의 신학
철학적 신학

"마리엘, 넌 궁금한 게 많아서 먹고 싶은 것도 많겠다?"

"그게 무슨 소리야, 오빠! 오빠는 우리가 꼴찌라고 놀림당해도 좋단 말이야?"

"자, 싸우지들 말고 내 얘기를 잘 들어 봐. 보통 신학이라고 하면 신에 대한 공부를 말하는 것이지만 나는 신학을 두 가지로 구분할 수 있다고 생각해. 하나는 철학적 신학이고 다른 하나는 성서의 신학이야. 우선 철학적 신학에 관해서 말하지. 이 세상의 모든

사물들이 어떻게 그리고 왜 있는지를 설명하려면 결국 철학이 필요하겠지? 마리오과 마리엘 너희 모두 하늘이 어떻게 생겨났는지, 땅이 어떻게 생겨났는지 궁금하잖아. 세상의 모든 사물들을 설명하기 위해서 원리들을 탐구하는 학문이 바로 철학적 신학이야. 이제 철학적 신학이 뭔지는 알겠지?"

"아! 그러니까 인간, 원숭이, 개 등과 나무, 풀 그리고 돌이나 공기 등이 무엇으로 이루어져 있고, 어떻게 그리고 왜 있는지 연구하는 것이 바로 철학적 신학이란 얘기지?"

"그렇지. 마리오가 얘기한 것이 대충 맞아."

"대충 맞다니? 그럼 내가 이해한 것이 완벽하게 이해한 것은 아니다, 그 말이야?"

"음, 중요한 것 한 가지가 빠졌어. 그건 바로 세상의 사물들을 그냥 연구하는 것이 아니라 신과 연결시켜서 연구한다는 것이 철학적 신학의 핵심이거든. 신이 빠지면 신학이 아니라 그건 그냥 철학일 뿐이잖아, 안 그래?"

"아, 난 꼭 잘 나가다가 이렇게 된단 말이야. 대충은 아는데 핵심을 놓치고 말았네. 헤헤."

"그럼 토마스 오빠, 이제 한 가지만 남았네. 바로 성서의 신학."

"그렇지, 내가 신학에는 두 종류가 있다고 말했지. 앞서 말한 철학적 신학과 성서의 신학이지. 성서가 무엇인지는 다들 알고 있지?"

"그러니까, 성경 말이지?"

"그래, 내가 늘 기도를 드릴 때 쓰는 성경책 말이야. 신학에서는 성경이라고 하지 않고 성서라고 하거든. 바로 이 성서를 가지고 신학을 연구하는 것이 '성서의 신학' 이야."

"성서에 나오는 천사들도 연구하는 거야?"

"당연하지. 성서에 보면 하느님의 은총, 계시, 원죄, 이런 말들이 많이 나오지? 그런 것들을 연구하는 것이 바로 성서의 신학이야. 그럼 여기서 퀴즈! 성서의 신학과 철학적 신학의 가장 중요한 차이점이 뭘까?"

"치, 이건 마리엘 보고 맞혀 보라는 것이나 다름없잖아. 마리엘, 넌 알고 있지?"

"음, 철학적 신학은 우리 일상생활과 가까운 자연이나 우주를 신이 어떻게, 왜 만들었을까를 연구하는 것이 철학적 신학이야. 반면에 성서의 신학은 성서에 나오는 신앙이나 종교적인 것들을 연구하는 데 목적을 가진 것이 성서의 신학이지. 맞아, 토마스 오빠?"

마리엘은 쑥스러운 듯 얼굴을 붉히며 웃었어.

"아주 잘 이해하고 있는데? 그럼 마리오, 못 맞힌 벌로 뭘 할 거야?"

"벌이라니? 처음에 퀴즈를 낼 때는 그런 말 없었잖아? 정말 이러기야!"

"그럼 마리오 오빠, 벌 대신 노래 한 곡 불러 줘."

"노래? 나 노래 못하는 거 알잖아."

"오빠가 잘 부르는 노래 있잖아. 전에 숲에서 오빠가 혼자 노래 부르는 소리 들었는걸?"

"그래 튕기지 말고 좀 불러 줘 봐, 마리오."

"아이참, 그럼 한번 불러 볼게. 대신 못 부른다고 흉보지 않기다?"

"당연하지. 자, 마리오 오빠가 한 곡조 부르겠습니다. 짝짝짝!"

"쿵짝, 쿵짝 쿵짜작 쿵짜 네 박자 속에 사랑도 있고 이별도 있고 눈물도 있네……."

그들의 노랫소리가 숲 속에서 멀리멀리 퍼져 나갔어.

3 투스카니 숙소에서의 위기

한참 동안 노래를 부르고 가다가 그들은 저 멀리서 새어 나오는 불빛을 보았어.

"오빠. 저기가 숙소가 아닐까? 사람이 사는 곳 같은데?"

"어라? 벌써 숙소에 도착했을 리가 없는데? 가만 있자, 지도에 의하면 숙소까지는 아직도 한참을 더 가야 한단 말이야."

"그럼 저기는 어디지? 일단 불빛이 비추는 곳으로 가 보자구."

그들은 마차를 몰고 불빛을 따라갔어. 그들이 도착한 곳은 허름

한 벽돌로 지어진 오래된 집이었어. 도무지 사람이 살 수 없을 것 같은 그런 집이었지. 게다가 간판도 없고 정원도 손질이 돼 있지 않은 것으로 보아 사람이 산 지 꽤 된 것 같아 보였어.

"여기가 투스카니 숙소라고? 도미니크 수도원장님은 편한 잠자리를 마련해 주시겠다고 하셨는데 고작 이런 집이란 말이야?"

"쉿, 마리오. 누가 들으면 어떻게 해? 그래도 수도원장님은 우리를 도와주시려고 한 건데. 일단 들어가 보자."

"똑똑. 실례합니다."

곰팡이가 잔뜩 핀 나무문을 두드리니, 갑자기 문이 벌컥, 하고 열리더니 검은 물체가 쑥 하고 튀어나왔어.

"엄마야! 오빠, 무서워!"

마리엘이 무섭다고 소리를 지르며 오빠들 뒤로 숨었어. 토마스와 마리오도 놀라기는 마찬가지였지만 침착해야 한다고 생각했지. 그래서 그 검은 물체를 유심히 살펴보았어. 자세히 보니 검은 물체는 검은 옷과 검은 두건을 쓴 사람이었어.

그런데 그 사람은 굉장히 큰 두건을 써서 얼굴이 보이지 않았던 거야. 너희들도 그림이나 사진에서 본 적이 있겠지만 중세 시대의 수도승들은 온몸을 다 가리는 큰 천으로 만든 옷을 입고 옷에 달린 두건을 쓰고 다녔어. 그 사람도 수도승의 차림을 하고 있었던 거지.

"저 실례지만 여기가 혹시 투스카니 숙소가 맞는지요. 저희는 도미니크 수도원의 수도원장님 소개로 온……."

"예. 토마스 형제님들 맞으시지요? 어서 들어오십시오. 여기가 바로 투스카니 숙소입니다."

"예? 여기가 투스카니 숙소라고? 이렇게 허름한 데가……."

"쉿! 마리엘. 그럼 저분께 실례가 되잖아."

"먼 길 오느라 수고가 많으셨지요? 도미니크 수도원장님께 미리 연락을 받아 잠잘 곳을 미리 마련해 놓았습니다."

"예, 감사합니다. 그런데 저, 수사님, 수사님을 뭐라고 불러야 하는지요?"

"예, 저의 이름은 토비입니다. 토비 수사님이라고 불러 주시면 됩니다."

토비 수사와 이렇게 많은 말을 주고받는 동안에도 토비 수사의 얼굴은 전혀 보이지가 않았어. 게다가 토비 수사의 목소리는 마치 감기에 걸린 듯 쉰 소리가 났어.

토비 수사는 토마스와 마리오, 마리엘의 잠자리를 봐준 후 문을 닫고 나갔어.

"그런데, 마리오. 저 토비 수사님, 뭔가 이상하지 않아?"

"뭐가?"

"목소리도 이상하고. 게다가 얼굴을 전혀 보여 주지 않잖아."

"그야 지금 수행 중이시니까 그렇겠지. 수도원에서는 수행 중에 다른 사람에게 얼굴을 보여 주지 않는다고 그러던걸."

"그렇긴 하지만, 뭔가 이상하단 말이야."

"너도 너의 형 마르코 형을 닮아 가는 거야? 의심만 많아 가지고……. 난 너무 피곤해서 도저히 못 참겠어. 얼른 자자. 마리엘 너도 피곤하지?"

그런데 마리엘은 대답이 없었어. 마리엘의 침대를 보니 마리엘은 벌써 곯아떨어져 있는 거야.

"저 녀석도 무지 피곤했나 봐. 우리도 어서 자야 아침에 또 길을 떠나지. 너도 알다시피 파리까지는 굉장히 멀잖아?"

"그래. 알았어, 잘 자."

"안녕."

토마스도 뭔가 골똘히 생각을 하다가 너무 피곤한 나머지 잠이 들고 말았어.

다음 날 해가 밝았어. 토마스는 뭔가 덜컹거리는 소리가 나기에 눈을 떴어. 그런데 투스카니 숙소에서의 침대에 누워 있어야 할 자신이 침대가 아닌 다른 곳에 있었던 거야!

"어? 여기가 어디지? 어 내 손이 왜 이러지?"

토마스는 손을 마음대로 움직일 수가 없었어. 고개를 돌려 보니 토마스의 손과 발이 밧줄로 꽁꽁 묶여 있었던 거야!

"어, 누가 내 손을 묶어 놨지? 이럴 수가!"

토마스는 발버둥을 쳤지만 밧줄은 꿈쩍도 하지 않았어. 토마스 옆에 누워 있는 마리오와 마리엘도 손과 발이 묶여 있었어.

"마리오! 마리오! 좀 일어나 봐. 마리오!"

"음, 무슨 일이야? 왜 이렇게 아침 일찍 깨우고 그래."

"지금 늦잠을 잘 때가 아니야. 어서 일어나 봐."

"어? 내 손이 왜 이렇지? 발도! 이게 어떻게 된 거야, 토마스!"

"내가 묻고 싶은 말이야. 도대체 어떻게 된 걸까? 여기는 도대체 어디지?"

그때 마리엘도 깨어났어. 마리엘은 너무 놀라고 무서운 마음에 울음을 터뜨리고 말았지.

"울지 마, 마리엘. 울지 말고 우리 생각을 해 보자. 일단 여기가 어디인지 알아야 탈출할 수 있을 텐데."

"덜컹거리며 움직이는 걸 봐서 마차인 모양인데? 그런데 도대체 누가 우리를 마차에 싣고 가고 있는 거지?"

"글쎄. 토비 수사님?"

"말도 안 돼! 그 수사님이 우리를 왜?"

"그건 나도 모르지."

그들이 손발이 묶인 채로 곰곰이 생각하고 있을 때 마차가 멈추었어. 그리고 누가 마차 위에 덮인 천막을 걷어 내는 거야.

"아이, 눈부셔!"

"다들 일어났군."

그곳에는 어젯밤에 본 토비 수사가 있었어.

"토비 수사님, 도대체 왜 이러시는 거예요? 저희는 도미니크 수도원장님의 소개로……."

"너희가 순순히 도미니크로 갈 줄 알았다면 그건 착각이야. 내가 그렇게 쉽게 속아 넘어갈 줄 알았느냐?"

토비 수사는 이렇게 말하면서 쓰고 있던 두건을 벗어 버렸어. 그런데 그 사람은 세상에나, 바로 비토 형이었던 거야.

"비토 형!"

"토마스, 네가 우리 형제들을 속이고 도미니크 수도원으로 갈 줄은 짐작도 못했다. 너 어떻게 아버지의 유언을 어길 생각을 하였느냐?"

"형, 난 단지 평범한 사람들에게 신학에 대해서 알려 주……."

"시끄러워! 넌 우리에게 거짓말을 하고 게다가 돌아가신 아버지에게도 불효를 저질렀어. 도미니크 수도원에는 절대로 가지 못한다. 일단 성으로 가서 널 혼낸 다음에 베네딕토 수도원으로 보낼 테다!"

"형!"

토비 수사, 아니 비토 형은 토마스에게 말할 기회조차 주지 않고 다시 천막을 덮어 버렸어. 그리고는 곧바로 성으로 향했지.

"어쩌지, 비토 도련님이 많이 화나신 모양인데?"

"그럴 거야. 아버지 유언을 내가 어겼으니 그냥 넘어가지 않을 거야."

"그럼 우린 앞으로 어떻게 되는 거야?"

겨우 울음을 그친 마리엘이 말했어.

"혹시, 지하 감옥에 갇히게 되는 거 아닐까?"

마리오가 큰 소리를 지르며 물었어.

"설마, 오빠! 그럴 리는 없을 거야."

"아니야. 그럴지도 몰라. 비토 형은 한 번 화나면 물불을 가리지 않는 성격이거든."

4 지하 감옥

토마스의 예상이 딱 맞았어. 그들은 두 시간쯤을 더 가다 마차에서 내려 곧바로 기나긴 계단을 걸어 내려가야 했어. 비토 형이 삼총사의 눈을 모조리 가렸기 때문에 도대체 어디로 내려가는지는 알 수 없었지.

"형, 도대체 우릴 어디로 데려가는 거야?"

"너희가 저지른 잘못을 뉘우칠 수 있는 방으로 데려갈 거야. 토마스 너는 거기서 한번 곰곰이 생각해 보거라."

"무슨 생각?"

"베네딕토 수도원에서 공부하여 대수도원장이 될 마음이 있는지 말이다. 결심이 서거든 감옥을 지키는 산타나에게 얘기를 해 다오. 그럼 풀어줄 테니. 알겠느냐?"

"형, 그래도 이건 너무 하잖아. 마르코 형, 파올로 형, 프랑코 형! 형들이 얘기 좀 잘 해 줘, 형들!"

하지만 마르코와 파올로, 프랑코는 토마스의 말에 대답을 하지 않았어.

"프랑코 형!"

토마스는 가장 친하게 지냈던 프랑코 형을 불렀어. 하지만 프랑코는 이렇게 말했지.

"토마스, 너도 알잖아. 우리는 큰형의 말을 거역할 수가 없어. 네가 생각을 바꾸는 수밖에. 그럼 우린 간다."

형들은 토마스와 마리오, 마리엘 세 사람을 지하 감옥에 가둔 채 떠나고, 대신 산타나가 그 자리를 지키게 되었지.

"산타나. 제발 우리를 꺼내 줘, 산타나."

"도련님, 저도 그러고 싶지만 그럴 수가 없습니다. 저에게도 열쇠가 없는 걸요. 열쇠는 비토 도련님에게만 있습니다. 그러게 왜 몰래 도망을 가셨어요. 싫으시더라도 비토 도련님의 말을 따르셔야지요."

"토마스, 그러지 말고 비토 도련님 말을 듣겠다고 얘기해. 일단 여기서 나가는 게 중요하잖아."

"난 그럴 수가 없어. 벌써 하느님께 약속했는걸."

"에구, 그럼 어쩌란 말이야? 넌 그렇다 치고 나와 마리엘은 이게 무슨 고생이냐고!"

"오빠, 왜 토마스 오빠에게 그래? 여기까지 온 건 토마스 오빠 잘못이 아니잖아!"

"뭐라고? 그럼 토마스 잘못이 아니면 누구 잘못이란 말이야?"

"다들 그만해. 다 내 잘못이야. 내가 괜히 너희들을 끌어들였어. 미안해."

토마스가 풀 죽은 얼굴로 사과를 하자 다들 조용해졌어. 그리고 아무도 말을 꺼내지 않았지. 토마스의 눈치를 보던 마리오가 귓속말을 속삭였어.

"이럴 게 아니라 우리 산타나가 잠들면 여기를 빠져나갈 방책을 연구해 보자."

어느덧 밤이 깊었어. 산타나는 하루 종일 감옥을 지키는 게 피곤했는지 벽에 기대 꾸벅꾸벅 졸기 시작했어.

"마리오. 전에 대장장이 아저씨가 알려 준 비밀 통로, 여기서는 갈 수 없을까?"

"그건 불가능해. 여기 비밀 통로는 열 개도 넘는다고 아빠가 그랬어. 다른 길을 찾아봐야 할 것 같은데."

"그럼 어떻게 해, 오빠?"

마리엘은 울상이 되었어.

"곰곰이 생각해 보자."

마리오와 토마스는 각자 깊은 생각에 잠겼어. 그때였어. 누군가 슬그머니 다가오는 소리가 들렸지. 바로 마리오와 마리엘의 아빠, 대장장이 아저씨였던 거야.

"아, 아빠!"

마리엘은 깜짝 놀라 소리쳤고 대장장이는 손가락을 입술에 갖다 대었어.

"너희들 모두 조용히 하고 내 말을 잘 들어. 이 감옥의 자물쇠를 따려면 시간이 좀 걸리니까 산타나는 먼저 쫓아 버려야 해. 아빠가 벽에 비친 그림자로 산타나를 쫓아 버릴 테니까 너희는 모두 놀라는 척만 해. 알았지?"

"알았어요, 아빠."

대장장이 아저씨는 다시 통로를 통해 돌아간 다음 횃불을 들고 나타났어. 대장장이 아저씨는 원래 몸집이 큰데 그림자로 비치니 몸집이 더 불어나서 마치 괴물 같았어.

"자, 모두 하나, 둘 ,셋!"

"으악! 꺄악! 괴물이닷!"

셋이 한꺼번에 소리를 지르니 졸고 있던 산타나가 깜짝 놀라 잠을 깨고 말았어.

"무슨 일이에요? 네?"

"사, 산타나! 저길 봐! 괴물이야. 숲 속의 괴물이 내게 복수를 하려고 왔나 봐!"

"그게 무슨 소리……, 으악! 괴물이닷! 으악!"

작전대로 산타나는 꽁지 빠지게 도망가고 말았지.

대장장이 아저씨는 큰 열쇠 꾸러미를 들고 왔어. 그 열쇠 꾸러미에는 수백 개의 열쇠가 매달려 있었지.

"아빠, 그 많은 열쇠를 다 열어 보실 거예요? 그러다간 밤을 새도 모자라겠어요."

"그래도 어쩌겠니? 그럼 토마스 도련님이 열쇠를 한번 골라 보실래요? 도련님은 왠지 이 자물쇠에 맞는 열쇠를 골라내실 것 같아요."

"아이, 아빠도 참. 토마스가 무슨 신이에요? 그걸 한번에 골라내게? 그러지 말고 처음부터 차례로 하나하나 열어 봐요."

"그래도 토마스 오빠가 골라낼지도 모르잖아. 오빠, 한번 골라 봐."

토마스는 수백 개의 열쇠를 쳐다보며 신께 기도를 드렸어.

'하느님, 저를 도와주세요.'

그리고는 눈을 떠 가장 작은 열쇠 하나를 골랐지. 그런데 세상에, 너희들은 이걸 믿을 수 있겠어? 토마스가 고른 구리로 만든 열쇠를 자물쇠에 꽂자, 자물쇠가 찰칵, 하고 단번에 열리고 만 거야! 이런 것을 기적이라고 해야겠지?

"우와! 이런 일이! 하느님도 우리를 도우려나 봐! 정말 대단하다, 토마스!"

"이럴 게 아니라 빨리 여기를 빠져나가자. 내가 더 튼튼하고 빠른 마차를 준비해 놨어. 다른 도련님들이 알아채기 전에 어서 나가야 해!"

마리오와 마리엘은 아빠를 따라 부지런히 걷고 있었어. 그런데 토마스가 입을 열었어.

"애들아 잠깐. 잠깐만요, 아저씨."

"왜 그러세요, 도련님? 서두르지 않으면 다른 도련님들이 또 쫓아올 거예요."

"전 더 이상 도망치지 않겠어요."

"네? 그게 무슨 말씀이세요?"

"그게 무슨 말이야, 토마스?"

"난 더 이상 도망치지 않겠어. 성에서 빠져나간다 해도 형들은 또 쫓아올 게 분명해. 난 형들과 정면 승부를 내보겠어!"

"정면 승부라니? 도련님들은 네 말을 듣지 않을 게 뻔한데, 어떻게 형들을 설득시키겠다는 거야?"

"나한테 좋은 방법이 있어. 이건 아저씨의 도움이 필요한 일이야. 우리가 당했던 것처럼 형들을 가둬 놓고 내 의견을 말해야겠어. 형들도 내가 공부한 것을 제대로 알게 된다면 더 이상 나를 방해하지 않을 거야."

"형들을 가둔다고?"

"제 힘을 쓰면 그건 어렵지 않지만. 정말로 그러실 생각이세요, 도련님?"

"네, 아저씨. 아저씨가 조금만 도와주세요. 지금 형들은 세상모르게 자고 있을 테니까 형들을 몰래 이 지하 감옥으로 옮겨 놓아 주세요. 뒷일은 제가 알아서 처리할 테니까요."

이렇게 해서 상황은 뒤바뀌고 형들이 지하 감옥에 갇히는 신세가 되고 말았어.

신의 존재를 증명할 수 있는 두 가지 방법

여러분, 신은 누구일까요? 좀 황당한 질문 같지만 신은 무엇이고 어떻게 있는지, 곧 신의 본질과 존재를 알아야만 아퀴나스가 말하는 신의 의미를 이해할 수 있답니다.

아퀴나스는 신의 존재와 본질을 알기 위한 탐구 방법에는 두 가지가 있다고 말했습니다.

한 가지는 신학자의 방법이고 또 다른 한 가지는 철학자의 방법입니다. 우선 유한한(끝이 있는) 사물들과 그것의 작용에 관한 일상적인 경험을 출발점으로 삼아 신은 무한하며 전지전능하고 세상의 창조자라고 주장하는 방법이 있습니다. 이것이 바로 철학자의 방법입니다.

다음으로 신학자의 방법이 있습니다. 이것은 성경에 나타난 신의 초자연적 계시를 출발점으로 삼는답니다. 계시에 따르면 이 세상의 모든 피조물은 창조자인 신에 의해서 생긴 것이죠. 그러니까 철학자의 방법에서는 유한한 피조물이 창조자에 앞서고 이와 반대로 신학자의 방법에서는 무한한 창조자인 신이 이런 유한한 존재자들(피조물)에 앞서 있는 것이죠.

간단히 말하면 아퀴나스가 철학자의 방법이라고 말한 것은 이성의 방법이고 신학자의 방법이라고 한 것은 신앙의 방법인 셈이죠.

다시 말해 이성적 추리 또는 논리적 추리라는 자연적 과정에 의해서 신의 존재를 증명한다면 그것은 철학자의 방법이며, 성경에 의존해서 신의 존재를 증명한다면 그것은 신학자의 방법입니다.

형들의 변화

1. 감옥을 빠져나가는 방법
2. 첫 번째 문제—인간의 지식과 신
3. 두 번째 문제—선과 악
4. 세 번째 문제—아름다움이란 무엇인가?
5. 네 번째 문제—신의 존재를 증명하는 다섯 가지 방법

신은 인간이 사유할 수 있는 최고의 또는 가장 완전한 존재이다.

-토마스 아퀴나스

1 감옥을 빠져나가는 방법

비토와 마르코, 파올로와 프랑코는 하룻밤 사이에 상황이 바뀐 것을 알고 깜짝 놀라는 한편 크게 화를 냈어.

"토마스! 이게 무슨 짓이야? 어서 이 문을 열지 못해?"

큰형 비토의 말이었어.

"형들, 정말 미안해. 하지만 어쩔 수가 없었어. 형들도 내 입장을 좀 이해해 줬으면 해. 부탁이야."

"알았어. 알았으니까 일단 이 문부터 좀 열어 주면 안 되겠니?

난 아까부터 배가 너무 고파 죽을 지경이란 말이야."

먹보 파올로가 울상을 지으며 말했어.

"먹을 것은 마리엘이 조금 이따가 가져올 거니까 조금만 참아, 파올로 형."

"그럼, 나도 카드 게임 좀 가져다줄래? 이 안에서는 도무지 심심해서 못 견디겠어."

놀기 좋아하는 프랑코는 동생 토마스에게 떼를 쓰듯 졸라 댔어.

"그건 안 돼, 프랑코 형. 형들은 이 안에서 할 일이 있거든."

"할 일이라니? 무슨 할 일?"

"여기 성서와 신학 관련 책들을 줄게. 내가 내는 퀴즈의 답을 책에서 찾아 맞히는 거야. 그럼 약속한 대로 형들을 풀어 줄게."

"우리 보고 신학 공부를 하라고?"

"응. 형들은 집안의 명예를 위해서 내가 신학 공부를 하기 원하지만 난 아니야. 나는 내 나름대로 신학을 연구해서 나중에 태어날 내 후손들에게 물려주고 싶어. 형들도 내가 공부하는 것이 무엇인지 알게 된다면 나를 이해해 줄 마음이 생길 거야."

"아마 그런 다 해도 큰형은 달라지지 않을걸? 그런 큰 기대는 하지 않는 게 좋을 거야, 토마스."

인상을 찌푸리며 한마디도 안 하던 마르코 형이 말했어.

"난 형들이 내 맘을 꼭 이해해 줄 수 있을 거라고 믿어. 자, 그럼 여기 있는 책을 각자 한 권씩 나눠 줄게. 문제는 총 다섯 문제야. 열심히 공부하지 않으면 내가 내는 문제를 맞히지 못할 거야. 나는 내일 아침에 다시 올게. 만약 중간에 필요한 게 있다면 여기 있는 이 종을 울려. 그럼 마리오와 마리엘이 필요한 것을 가져다줄 거야."

토마스는 형들을 지그시 바라보다가 꼭대기에 있는 자신의 방으로 올라갔어.

"이런 젠장. 토마스 저 녀석, 막내라고 우습게 봤더니 알고 보니 우리 머리 꼭대기에 앉아 있잖아? 형, 이제 어쩔 거야?"

프랑코가 비토에게 물었어.

"어쩔 수 없지. 일단은 여기를 나가려면 토마스가 내는 문제를 맞히는 수밖에."

"그럼 우리 보고 이 두꺼운 책을 읽으란 말이야?"

"그럼 방법이 이것밖에 없는데 어떻게 해? 잔소리 말고 어서 읽어. 어느 부분에서 문제를 낼지 모르니까."

"이런. 내가 여기서 나간다면 토마스 저 녀석을 가만두지 않을 거야."

"글쎄, 파올로. 과연 네 머리로 퀴즈를 풀어서 여길 나갈 수 있을지 모르겠다."

마르코가 파올로를 보며 비아냥거렸어.

2 첫 번째 문제-인간의 지식과 신

다음 날, 날이 밝았어. 토마스는 약속대로 점심시간이 되어 나타났어.

"형들, 공부는 많이 했어?"

"너 이 자식, 정말로 퀴즈를 맞히면 나갈 수 있게 해 주는 거지?"

"그럼. 난 약속은 꼭 지키는 사람이야. 설사 형들이 나와서 나를 크게 혼낸다고 해도 나는 형들을 내보내 줄 거야."

"그럼 어서 문제를 내 봐."

"앞으로 내가 내는 문제는 형들이 모두 의논해서 맞히는 문제야. 한 명만 알고 있어서는 안 돼. 알겠지?"

"알았다니까. 어서 문제나 내."

"그럼 첫 번째 문제를 내기에 앞서서 형들에게 먼저 질문을 해 볼게. 비토 형, 형은 인간들이 얼마나 많은 지식을 가지고 있다고 생각해?"

"그, 그야. 인간들은 그동안 계속해서 추리를 한 결과로 많은 지식을 얻었지."

"예를 들면 어떤 지식?"

"그, 그야. 이렇게 옷감을 짜는 방법이나, 집을 짓는 법 같은 지식은 인간이 많은 연구를 통해서 얻어 낸 지식이잖아."

"그래, 그건 형 말이 맞아. 그런데 물질이 아닌 것에 대한 지식은?"

"물질이 아닌 것? 그게 무슨 말이지?"

"집안의 맏형이 그런 것도 몰라? 물질이 아닌 것, 그러니까 사랑이나 영혼, 기쁨 같은 것 말이야."

넷째 형인 프랑코가 비토에게 창피를 주며 말했어.

"맞아, 프랑코 형. 그게 바로 물질이 아닌 것들이야. 내가 더 많은 예를 든다면 성서에 나오는 천사나 신 같은 존재도 물질이 아닌 것이지. 눈에 보이는 것은 물질이지만 눈에 보이지 않는 것들은 물질이 아닌 것, 즉 비물질이라고 할 수 있어. 그런데 프랑코 형, 우리는 신이나 천사, 영혼 같은 것들은 본 적도 없는데 어떻게 그것들이 있다는 것을 알까?"

"글쎄, 그건 나도 잘……."

"이게 바로 내가 형들에게 내는 첫 번째 문제야. 우리가 눈에 보이지 않는 영혼이나 신, 천사 같은 것들을 어떻게 알았을까? 오늘 하루 동안 시간을 줄게. 책을 찾아봐도 좋고, 형들이 서로 의논해서 말해도 좋아. 그럼 난 오늘 해질 무렵에 다시 올게."

"야야, 토마스! 토마스 잠깐만 기다려!"

"저 자식, 완전 우리를 가지고 놀고 있잖아! 형, 어쩔 거야? 문제에 대한 답을 알겠어?"

"……."

"형!"

비토는 생각에 빠진 듯 아무 대답이 없었어. 그러더니 토마스가 두고 간 책을 뒤지기 시작했어. 그 모습을 본 다른 형제들도 같이 책을 펴 보기 시작했어. 그리고 얼마 후 토마스가 모습을 드

러냈어.

"좀 알겠어, 형들?"

"그럼. 우리가 너보다 머리가 나쁜 줄 아니? 우리도 마음먹고 공부하면 네가 낸 퀴즈 따윈 금방 맞힌다고!"

파올로가 씩씩거리며 대답했어.

"오호, 답을 알아냈나 본데? 그럼 누가 대표로 답을 말해 볼까? 파올로 형?"

"나? 아, 아니, 난."

"왜? 마음먹고 공부했다며? 형이 한번 대답해 봐. 우리 눈에 보이지 않는 것들은 어떻게 알았을까?"

"우리 눈에 보이지 않는 것들을 어떻게 알겠어? 그냥 넘겨짚는 거지!"

"넘겨짚는 거라고? 어떻게?"

"그, 그러니까. 내가 정확하게 설명해 줄 수는 없지만 예를 들면……."

파올로 형은 더듬거리며 말을 이어 갔어.

"배가 너무 고파서 배 속에서 꼬르륵 소리가 난다 말이야. 이건 분명히 우리 신체가 존재하고 있다는 증거잖아?"

역시, 먹는 것이 빠지지 않는 파올로였어.

"그렇지."

토마스는 얼굴에 미소를 띠며 대답했어.

"그러면 우리 신체의 주인은 누구겠어. 바로 영혼이겠지. 누가 내 파이를 빼앗아 간다면 난 무지 슬플 거야. 그런데 그건 몸이 느끼는 것이 아니라 바로 영혼이 느끼는 거잖아. 그런데 영혼이 어떻게 생겼는지 보이지는 않아. 피자처럼 동그랗게 생겼는지, 비스킷처럼 네모지게 생겼는지, 아니면 캐러멜처럼 끈적끈적한지. 하지만 여러 가지 사실로 미루어 볼 때 영혼이 있다는 것은 알 수 있잖아. 그래서 결론은……."

어느새 파올로의 말을 비웃고 있던 다른 형제들도 귀를 쫑긋 세우며 파올로의 말을 듣고 있었어. 파올로가 결론을 내리려고 하자, 모두 긴장하는 분위기였지.

"결론은?"

"눈에 보이지는 않지만, 우리는 영혼이 있다고 말할 수 있는 이유는, 미루어 짐작할 수 있기 때문이라고!"

파올로는 얼굴이 붉어지며 크게 외쳤어. 뭔가 중요한 것을 기대하고 있던 다른 형들은 파올로의 말에 크게 웃기 시작했어.

"푸하하! 파올로! 넌 지금 그걸 정답이라고 말하는 거야? 그 정도라면 나도 정답을 맞힐 수 있겠다!"

공부할 생각은 하지도 않은 채 놀기만 하던 프랑코가 파올로를 가장 심하게 놀려 댔어. 구석에 누워 토마스가 준 책을 베고 잠만 자던 안젤로 역시 무슨 일인지 일어나 배를 움켜잡고 웃었지. 비토는 아무 표정도 없었고 의심 많은 마르코 역시 토마스의 표정을 살폈지. 토마스는 형들의 웃음이 그치기만을 기다리고 있다가 입을 열었어.

"파올로 형 말이 맞아."

"뭐야?"

"뭐라고 토마스? 파올로가 그럼 정답을 맞혔단 말이야?"

"정답을 분명하게 맞히지는 않았지만, 정답에 가까워. 형이 말한 '미루어 짐작하는 것' 을 다른 말로 '추리' 라고 해. 우리는 영혼이나 천사가 있다는 것을 '추리' 해서 알 수 있는 거야."

"추리? 그래, 영혼이 있다는 것은 추리를 해서 알 수 있다고 쳐. 그럼 천사가 있다는 것은 어떻게 추리해서 나온 거야?"

마르코가 따지듯이 물었어.

"마르코 형, 생각해 봐. 신체, 즉 우리들의 몸 주인이 영혼이라고 했고, 영혼이 존재하고 있다는 걸 추리를 통해 알았어. 그러면 신체가 없는 영혼도 있을 수 있지 않을까? 영혼이 있다고 생각해 볼 때, 신체가 없는 영혼이 있다면, 그게 바로 천사라고 할 수 있지, 안 그래?"

"음……."

마르코는 아무 대답도 하지 못했어. 반대로 파올로는 의기양양한 모습이었지.

"파올로 형이 내가 원하는 정답을 똑같이 맞히지는 못했지만, 노느라 공부도 하지 않은 프랑코 형, 잠만 잔 안젤로 형, 그리고 의심만 많은 마르코 형과 자존심 때문에 알아도 대답하지 않은 비토 형보다는 많은 노력을 했다고 생각해. 그래서 파올로 형은 여기서 풀어 줄게."

"토마스! 그게 정말이야? 나를 나가게 해 줄 거야? 정말 고마워! 나 앞으로 먹을 것만 밝히는 그런 사람이 아니라, 신학과 철학을 열심히 공부하는 사람이 될거야. 난 우리 형제들 중 내가 제일 멍청하다는 생각을 했는데, 공부를 해 보니 꼭 그렇지만도 않은 것 같아. 나도 할 수 있다는 생각이 들었어. 고마워, 토마스!"

"뭐? 파올로가 제일 먼저 나간다구? 말도 안 돼! 그리고, 비토 형, 형은 알고 있었다면서, 왜 대답하지 않은 거야?"

프랑코가 비토를 향해 물었어. 하지만 비토는 고개를 숙이고 아무 말도 하지 않았지.

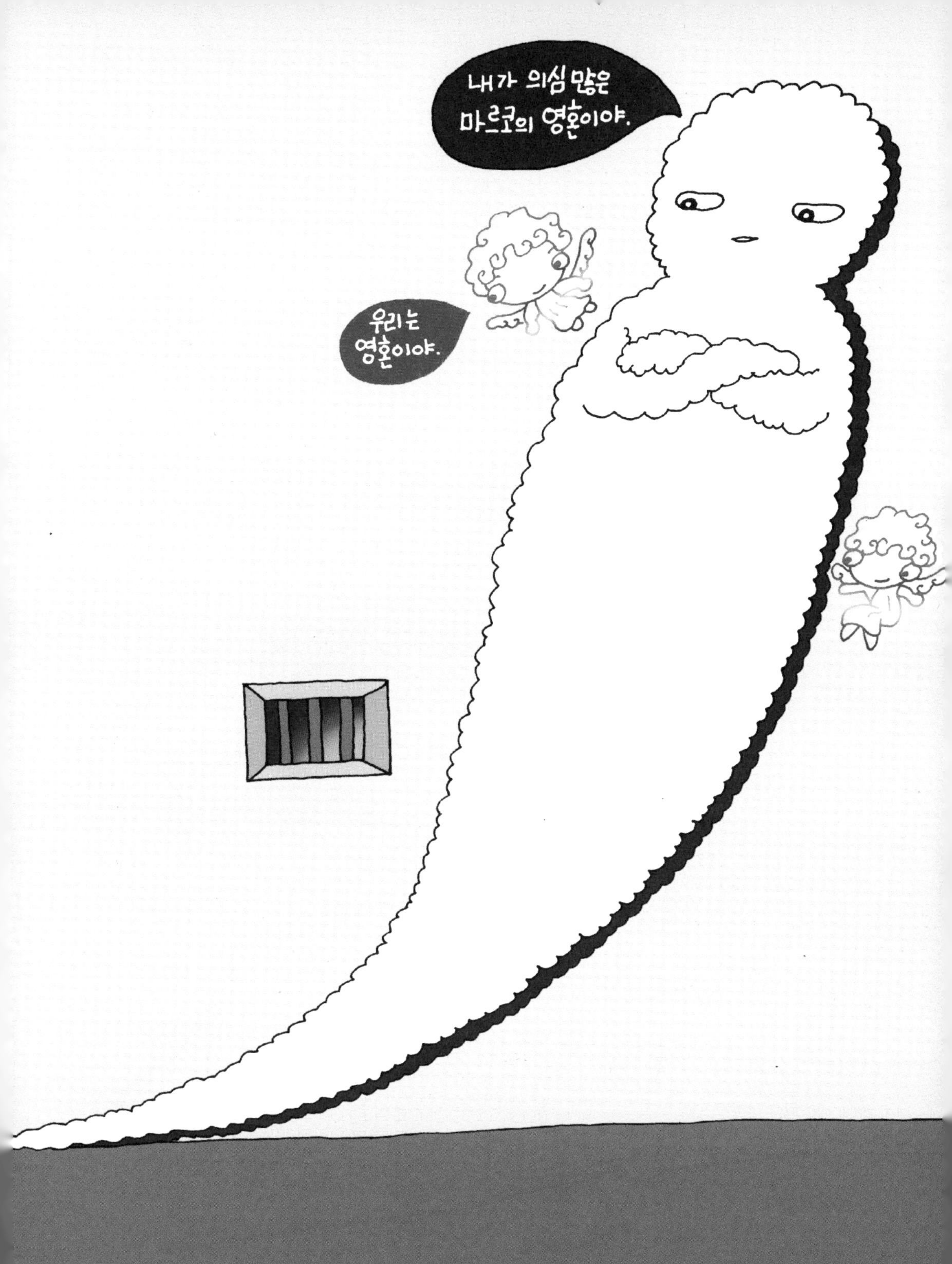
내가 의심 많은
마르코의 영혼이야.
우리는
영혼이야.

"비토 형은 아마 내가 질문하는 것에 대답하기 싫었을 거야. 왜냐하면 형은 아직도 내가 평범한 사람들에게 가르침을 주는 수사가 되겠다는 것을 이해하지 못하고 있거든. 하지만 난 돌아가신 아버지와 형이 바라는 대로 할 수가 없는걸."

비토 역시 아무 말이 없었어. 다른 형제들도 토마스의 말에 다들 잠잠해졌어.

자, 이렇게 해서 첫 번째 문제를 푼 파올로는 지하 감옥을 빠져나가게 되었지. 토마스와 형제들은 물론, 내 이야기를 듣는 너희들 누구도 파올로가 가장 먼저 나가리라는 것을 예상하지 못했겠지? 항상 먹는 생각만 하는 뚱뚱보 파올로지만 형제들 중 누구보다 공부를 열심히 했으니 어쩌면 토마스가 낸 퀴즈를 맞히는 게 당연한 일인지도 몰라. 여기서 너희들도 한 가지 교훈을 얻었겠지? 타고난 머리보다 노력이 더 중요하다는 사실을 말이야!

3 두 번째 문제 – 선과 악

파올로가 문제를 맞히고 나간 후, 감옥 안의 분위기는 확 바뀌었어. 어서 토마스가 내는 퀴즈를 맞히고 나가야겠다는 생각에 다들 공부를 하기 시작한 거야. 하지만 큰형 비토만이 토마스가 주고 간 책을 들춰 보지도 않았어.

"형! 형도 어서 공부해야지. 계속 여기에 있을 수는 없잖아. 나도 너무 졸리지만 졸음을 참고 공부하고 있잖아. 아함……."

안젤로가 비토를 설득해 보았지만 비토는 고개를 숙이고 꿈쩍도 하지 않았어.

안젤로는 책을 열심히 뒤적거리며 공부를 하는 것 같더니 이내 쿨쿨거리는 소리와 함께 꾸벅꾸벅 졸기 시작했어. 마르코와 프랑코는 그런 안젤로를 한심하다는 듯이 쳐다보았어.

그리고 또 토마스가 나타났어. 형들은 바짝 긴장했지.

"형들! 잘 잤어? 오늘은 바깥 날씨가 참 좋은데! 형들이 퀴즈를 빨리 맞히고 나가야 같이 나들이라도 갈 텐데 말이야."

"뭐, 나들이? 너 지금 누구 약 올리는 거야?"

"아니, 난 그런 게 아니라……."

"네 변명은 듣고 싶지 않아. 얼른 퀴즈나 내 봐."

"프랑코 형, 형이 먼저 하겠어? 그런데 오늘은 어제와는 좀 다르게 퀴즈를 냈어."

"다르다니? 뭐가 말이야?"

"내가 여기 문제를 쓴 종이가 들어 있는 상자를 세 개 준비해 왔어. 상자 두 개에는 오늘의 문제가 들어 있고 나머지 한 개에는 아무것도 들어 있지 않아."

"아무것도 들어 있지 않다고? 그럼 어떻게 되는 건데?"

"아무것도 들어 있지 않은 상자를 고른 사람은 오늘의 문제를 맞힐 기회가 사라져. 그 사람은 내일까지 꼬박 기다려야 하는 거지."

"윽! 생각만 해도 정말 끔찍한걸? 상자를 잘 골라야 하는 거구나."

프랑코와 안젤로, 마르코는 저마다 상자를 뚫어져라 쳐다보았어. 서로 좋은 상자를 고르기 위해서 말이지. 프랑코가 물었어.

"그런데 왜 상자가 세 개밖에 없어? 지금 남은 사람은 네 명이잖아?"

"그건."

토마스가 비토를 쳐다보며 말했어.

"비토 형이 퀴즈를 풀 생각을 하지 않을 것 같아서 말이야. 지금이라도 형이 퀴즈를 풀 생각이 있다면 상자를 하나 더 만들어 올게. 그럴 생각이 있어, 형?"

"아니. 난 네가 퀴즈랍시고 내는 것 따위는 맞힐 생각이 없어."

"형, 그게 무슨 말이야? 그럼 여기서 평생 살겠다는 얘기야?"

프랑코가 눈을 동그랗게 뜨며 외쳤어.

"나는 내 힘으로 여길 나갈 거야. 건방지게 막내 동생이 형들을 이런 곳에 가두다니, 너희들은 화가 나지도 않니?"

"무, 물론. 우리도 화가 나기야 하지. 하지만, 일단 여기를 나가는 것이 먼저잖아. 그래야 저 녀석을 실컷 혼내 주기라도 하지."

"그래, 그런데 먼저 나간 파올로 녀석은 뭘 하고 있기에 토마스 녀석을 가만두는 거야?"

"파올로 형이라면 지금 다이어트 중이야."

"뭐? 파올로 녀석이?"

"응. 형은 나와 함께 도미니크 수도원으로 가기로 했거든."

"도미니크 수도원? 네가 가기로 한 그곳 말이야? 그곳에 파올로 녀석이 간다고?"

"파올로 형은 이번 일을 계기로 자신이 신학 공부에 재능이 있다는 걸 알게 되었어. 그래서 나와 함께 도미니크 수도원에 가서 공부를 해 볼 생각이야. 그런데 수도원에서는 여기처럼 맛있는 음식을 먹을 수는 없으니까 그곳에 적응하기 위해서 살을 빼고 있어."

"믿을 수가 없어! 파올로가 정말 맛있는 것들을 물리치고 신학 공부를 하기 시작했다니!"

"내가 여기서 나가면 정말 사실인지 확인해 봐야겠어. 그러려면 문제를 맞혀야겠지? 자, 토마스, 어서 상자를 보여 줘."

토마스는 형들에게 상자를 보여 주었어. 세 개의 상자는 나란히 놓여 있었는데 모양은 제각각이었어.

첫 번째 상자는 종이로 만들어진 상자였어. 아무런 장식도 없는 수수한 상자였는데 상자의 뚜껑에는 십자가가 그려져 있었어.

두 번째 상자는 나무로 만든 것이었어. 그런데 매우 낡은 상자였지. 곰팡이가 잔뜩 피어서 만지기도 어려운 상태였는데 더구나 나무 썩는 냄새가 콧속까지 진동했어.

세 번째 상자는 아주 화려한 모양이었어. 코끼리의 뿔인 상아로 만든 것이었는데 겉에는 진주와 루비 같은 보석들로 화려하게 장식되어 있었어. 게다가 상자를 여는 고리는 금으로 만들어져 있었지.

"자, 형들. 이 세 개의 상자 중에서 고르면 돼. 누가 먼저 고를래?"

"내가 제일 큰형이니까, 가장 먼저 고르겠어!"

"뭐? 마르코 형, 그런 게 어디 있어? 공평하게 정해야지!"

"그래, 마르코 형. 그건 정말 불공평해!"

"그럼 어떻게 하자는 거야? 너희들, 아무리 내가 여기 갇혀 있다고 해도 이 형의 말을 듣지 않겠다는 거야!"

마르코는 눈을 부릅뜨며 프랑코와 안젤로를 쳐다보았어. 프랑코

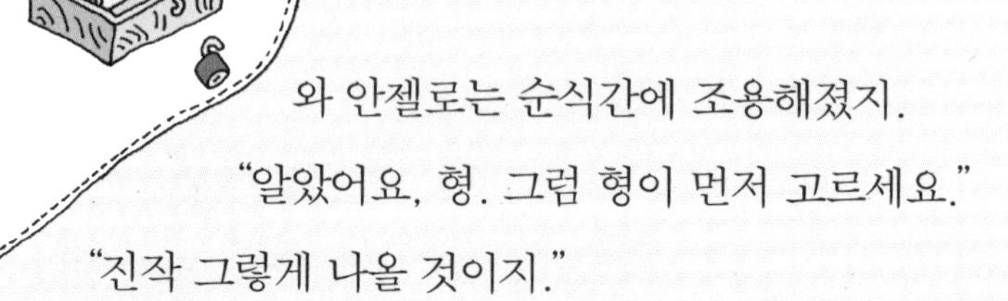

와 안젤로는 순식간에 조용해졌지.

"알았어요, 형. 그럼 형이 먼저 고르세요."

"진작 그렇게 나올 것이지."

마르코는 미소를 띠며 상자들이 놓인 곳으로 갔어.

"그런데 토마스. 상자를 선택하면 그 상자는 고른 사람이 가질 수 있는 거지?"

"그럼요, 형. 상자는 선택하는 사람의 것이 되는 거예요."

"그러면 나는 이걸로 하겠어."

너희들은 마르코가 무엇을 골랐을 것 같니? 그래, 맞아. 마르코

는 당연히 화려한 세 번째 상자를 골랐지. 프랑코와 안젤로는 뒤에서 한숨만 쉬었어. 그 애들도 세 번째 상자를 고르려고 했던 모양이야.

"마르코 형은 이걸로 하겠다고? 그렇다면 나머지 형들은?"

"마르코 형이 제일 먼저 골랐으

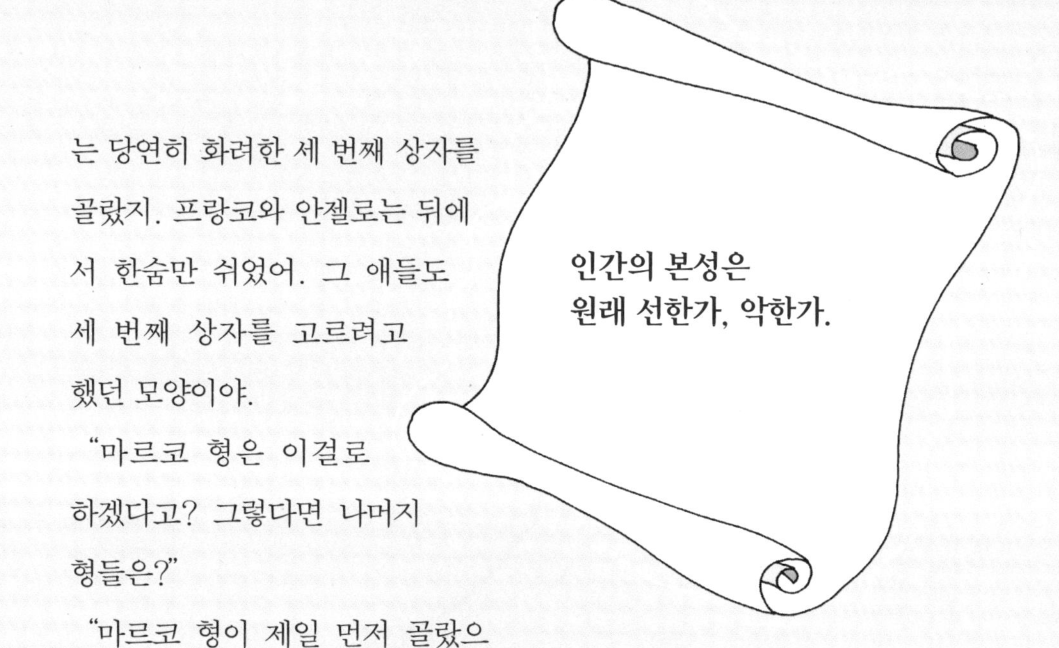

니까, 그럼 이제 내 차례지?"

프랑코가 재빨리 나섰어.

"난 이 십자가 그려진 종이 상자를 할래. 저 나무 상자는 쳐다보기도 싫거든."

"그럼 자연히 안젤로 형이 이 나무 상자를 선택하는 거지?"

"어쩔 수 없지 뭐."

"그럼, 안젤로 형부터 열어 봐. 안에 문제가 쓰인 종이가 있기를 빌게."

"윽. 이걸 내 손으로 열라고? 냄새도 나고, 싫단 말이야."

안젤로는 코를 감싸 쥐며 상자를 열었어. 다행히도 그 상자에는 문제가 쓰인 종이가 있었어.

인간의 본성은 원래 선한가, 악한가.

"이게 뭐야? 이게 끝이야?"

안젤로는 문제가 적힌 종이를 읽어 보더니 놀라 물었어.

"응. 이게 형이 풀어야 할 퀴즈야. 형의 생각을 말해 주면 돼."

"이거, 너무 어렵잖아."

"그래도 형은 상자 안에 문제가 들어 있었잖아. 이 문제만 풀면 나갈 수 있어."

"그럼, 잠깐 생각할 시간을 줘."

잠이 많은 안젤로는 며칠 동안 잠을 줄이면서 공부한 내용을 머릿속으로 떠올려 보기 시작했어.

"음……."

안젤로는 준비가 되었는지 눈을 반짝 떴어.

"난 인간의 본성이 태어날 때부터 정해지지는 않았다고 생각해. 그러니까 선과 악 둘 중에 무엇이라고 말할 수 없다는 얘기지."

"그렇게 생각해? 좀 더 자세히 말해 줄래?"

"어떤 사람이 자신도 넉넉하지 않으면서 가난한 사람들을 정성껏 도와준다면 그의 행동은 거의 완전한 선에 속할 거야. 그런가 하면 또 어떤 사람은 남을 도와주는 척하면서 자신의 이익만을 챙길 수 있어. 이런 사람의 행동은 완전한 선이 부족해. 즉 이 사람의 행동은 선이 없는 것이야. 그러면 강도나 살인범의 행동은 어떻게 말할 수 있을까? 강도나 살인범의 행동은 선이 아주 많이 부족한 것이지."

"그럼 형의 말에 따르면 강도나 살인범의 행동은 매우 심하게 선이 모자라는 행동이라고 봐도 되겠군. 나는 지금까지도 선은 선이고 악은 어디까지나 악이기 때문에 인간의 마음에는 선의 뿌리와 악의 뿌리가 각각 따로 있어서 선한 사람도 언제나 악한 행동을 할 수 있다고 믿었다는 거야. 여기에 대해선 어떻게 생각해?"

"글쎄, 그건 신이 사람들에게 자유의지를 주었기 때문이라고 책에서 본 적이 있어."

"자유의지?"

마르코와 프랑코는 처음 들어보는 말이라는 듯 동시에 물었어.

"그게 뭔데?"

"자유의지란 그러니까, 하느님이 인간을 조종하지 않고 인간 스스로 행동할 수 있게 자유를 주었다는 뜻이야."

"그럼 인간이 나쁜 짓을 하건 말건, 하느님은 내버려 둔다는 거야?"

"그건 아니지. 인간은 짧은 인생을 통해서 선한 행동과 악한 행동을 택하면서 자신을 깨닫게 되고 결국 선한 행동 쪽으로 방향을 정하게 돼. 또 역사를 통해서 인간은 자신의 행동을 고쳐 가고 깨달으면서 완전한 선인 신을 향해서 끊임없이 살아가는 거야."

어느새 안젤로는 마치 수도사가 된 것처럼 막힘없이 얘기하고 있었어. 토마스는 물론이고 마르코와 프랑코, 비토까지 입을 다물지 못했지.

“그렇다면 인간은 자유의지로써 선을 행하기도 하고 악을 행하기도 하지만 결국은 시간의 흐름에 따라서 선과 악을 구분하는 과정을 거치면서 선한 행동을 선택한다는 거지?”

“그렇지. 짐승들은 모두 본능에 따라서 행동하지만 인간은 자유의지에 따라서 선과 악을 선택할 수 있어. 예를 들면 아버지는 어린 아들이 분명히 실수할 것을 알면서도 구경만 하고 있을 수 있어. 왜냐하면 아들은 몇 번 실수를 거듭한 후 그 실수를 고칠 줄 알기 때문이지. 그렇게 자기 스스로 깨우치게 하는 게 바로 하느님의 뜻이라는 얘기야.”

안젤로는 숨도 쉬지 않고 말했어. 그리고 토마스를 보았지. 기대에 찬 눈빛이었어.

“자, 어때? 토마스? 이제 대답이 좀 되었어?”

모두가 토마스에게 집중했어.

“안젤로 형, 훌륭해! 합격!”

이렇게 해서 또 한 명이 지하 감옥에서 나갈 수 있었지.

4 세 번째 문제—아름다움이란 무엇인가?

“자, 다음은 마르코 형 차례야. 형이 고른 것은 금으로 만든 이 상자지? 이 속에 과연 문제가 들어 있을까? 자, 열어 봐.”

마르코는 떨리는 손으로 상자를 열어 보았어. 금으로 만든 고리를 벗기고 상자를 여니, 글쎄, 그 안에는 아무것도 들어 있지 않았던 거야!

“뭐야, 이게? 아무것도 없잖아! 어떻게 된 거야?”

“안타깝지만 그 상자에는 문제가 없어. 형은 욕심이 너무 큰 나머지 다른 형제들에게는 선택할 기회조차 주지 않았어. 상자의 아름다움에만 홀려서 어떤 상자에 문제가 들어 있을지 생각도 해 보지 않고 말이야. 안됐지만 형은 제일 마지막으로 문제를 풀어야겠어."

"뭐라구? 나보고 며칠이나 여기에 더 있으라고? 안 돼!"

마르코는 억울한 표정이었지만 어쩔 수 없었지. 한결 편안한 표정이 된 프랑코는 종이 상자를 열어 보았어. 그리고 문제가 적힌 종이를 펼쳐 보았지.

진정한 아름다움이란 무엇인가.

프랑코는 곧 표정이 밝아졌어. 자신이 있다는 표정이었지.

"이건 바로 내가 공부한 부분이잖아! 역시 공부에도 요령이 필요하다니까!"

"그래? 형이 이 문제의 답을 알고 있다고 하니 나도 반가워. 그럼 이야기를 해 줄래?"

"먼저, 아름다움에는 두 가지 아름다움이 있어."

"두 가지 아름다움?"

“응. 내면적 아름다움이 그 첫 번째이고 두 번째는 외면적 아름다움이야.”

“그 두 가지의 차이가 뭐지?”

“내면적 아름다움은 정신적인 아름다움이라고도 할 수 있어. 앞에서 안젤로가 ‘선’에 대해서 얘기했지? 내면적 아름다움은 선과도 같다고 볼 수 있어. 예를 들어 마음이 아주 착한 소녀가 있다면 그 소녀는 내면적 아름다움을 가졌다고 말할 수 있을 거야.”

진정한 아름다움이란
무엇인가.
아무것도
없어. T.T
형이 풀어야 할
퀴즈야.
오우 ~ 예!
예습한 범위에서
문제가 나왔네.

"그럼 외면적 아름다움이란 뭐지?"

"외면적 아름다움은 외모의 아름다움을 말하는 거야. 얼굴이 아름다운 아가씨는 외면적 아름다움을 지녔다고 말할 수 있지."

"그럼 아름다운 그림이나 좋은 음악은 어떤 아름다움을 지녔다고 말할 수 있을까? 내면적 아름다움일까, 외면적 아름다움일까?"

"훌륭한 그림이나 아름다운 음악을 들으면 토마스 넌 감동을 느끼지? 그런 것들은 바로 내면적 아름다움을 가졌기 때문이야. 덧붙여 말한다면 난 외면적 아름다움보다 내면적 아름다움이 훨씬 더 중요하다고 생각해. 얼굴이 아무리 아름다워도 마음이 아름답지 않으면 쓸모가 없는 것처럼 말이야."

자, 프랑코의 이 대답을 들은 토마스는 어떤 판단을 했을까? 너희라면 프랑코에게 어떤 말을 해 주었을 것 같니?

역시, 내 생각과 마찬가지로, 합격이지?

프랑코는 감옥을 나가자마자 날씬해진 파올로를 보고 굉장히 놀랐다고 해. 그리고 다시 예전처럼 카드 게임을 즐기며 신나게 놀았지. 한 가지 달라진 게 있다면 나중에 얼굴보다 마음씨가 예쁜 내면적 아름다움을 가진 소녀를 만났다는 거야.

5 네 번째 문제-신의 존재를 증명하는 다섯 가지 방법

그리고 며칠이 흘러갔어. 비토는 여전히 퀴즈를 맞히려 하지 않고 마르코는 전에 화려한 상자를 택한 대가로 퀴즈를 맞힐 기회를 얻지 못했지. 그리고 토마스가 다시 퀴즈를 내는 날이 다가왔어. 마르코는 이날만을 기다리며 밤을 새워 공부했지.

"마르코 형! 그동안 고생이 많았지? 난 오늘 내는 퀴즈를 형이 맞혀서 여기서 나갈 수 있기를 빌어."

"첫! 그런 걱정은 하지 마. 난 오늘을 위해서 정말 열심히 공부를 했으니까."

"그럼 좀 어려운 퀴즈를 내도 되겠어?"

"어, 어려운 것? 아, 아니 난……."

"그럼 내가 알고 있는 문제 중 가장 어려운 문제를 낼게. 자 풀어 봐."

토마스는 낡은 종이가 둘둘 말려 있는 두루마리를 하나 주었어. 거기에는 이렇게 쓰여 있었지.

신의 존재를 증명하는 다섯 가지 방법을 말하시오.

신의 존재를 증명하는
다섯 가지 방법을 말하시오.

"이건 형한테 좀 어려울 수도 있으니 생각할 시간을 좀 줄게. 내가 여기 서 있으면 생각이 안 날 수도 있으니까 오늘 밤 자정에 다시 올게. 그때까지 정답을 생각해 놓았으면 해."

토마스는 이 말만을 남기고 사라졌어.

그리고 자정이 왔지. 토마스는 좀 피곤해 보였어. 그도 그럴 것이 벌써 며칠째 퀴즈를 만드느라 밤을 꼬박 새웠거든.

"마르코 형! 이제 좀 정리가 되는 것 같아?"

"응. 대답하기 쉽게 미리 종이에 적어 놓았는데, 괜찮겠지?"

"그럼, 괜찮지. 그럼 그걸 쭉 읽어 줄래?"

그런데 마르코의 행동이 어딘지 모르게 조금 이상했어. 분명히 자신이 적은 답안이었는데도 어색하고 허둥거렸지.

"첫 번째 방법은 운동의 방법이야. 이 세상은 모두가 끊임없이 움직이며 변화하고 있잖아. 저 멀리 보이는 산, 이 성, 나무와 꽃, 인간과 짐승……. 이 모든 것들이 움직이며 변화하고 있지 않니? 이 앞의 바위나 내가 손에 들고 있는 책도 시간과 함께 움직이며 변화하고 있는 것이 확실해. 이 세상 모든 사물의 운동과 변화에는 무엇인가 원인이 있다고 보고 그것을 바로 신이라고 했어.

한 가지 예를 들면, 생물의 원인을 하나하나 캐내다 보면 결국 무생물에 도달하고 무생물의 원인을 찾아가면 지구의 탄생으로까지 거슬러 올라가지. 지구의 원인은 태양계로 그리고 태양계의 탄생은 은하계로……. 이렇게 해서 우주의 원인을 묻지 않을 수 없는데 우주 탄생의 원인이 다름 아닌 신일 수밖에 없다는 거지."

"그러니까 형의 말은 세상의 모든 것들이 움직이며 운동하고 있는데, 그 이유는 바로 신이 있기 때문이라는 거지?"

"그렇지."

"좋아. 신이 있다는 걸 증명할 수 있는 두 번째 방법은 뭐지?"

"두 번째 방법은 작용의 방법이야. 이것은 첫 번째 방법과 비슷해. 모든 사물은 다 작용하고 있어. 이 세상에 영원히 변하지 않는 사물은 하나도 없단다. 어떤 것이든 태어나고 죽게 되는 모습이 마치 수레바퀴처럼 돌아가고 있지. 그렇다면 사물들이 태어나고 죽는 것은 누가 결정하는 것일까? 그것 역시 하느님이 계시다는 것을 알 수 있는 하나의 증거라는 거야."

마르코는 여기까지 읽어 나가다가 흘깃, 비토의 얼굴을 보았어. 비토는 아무 표정도 없이 마르코가 이야기하는 것을 듣고 만 있었지.

"계속해 마르코 형."

"세, 세, 세 번째 방법은 사물들이 어떻게 태어나는가에 대한 방법이란다. 이 세상 만물들은 모두 있다가도 없어지고 그러다가 또 생겨나지. 이런 우연한 사물들을 있게끔 해 주는 필연적인 존재가 분명히 있기 때문에 세상 만물들이 존재할 수 있다는 것이 바로 이 방법이야.

네 번째 논증은 최상의 진, 선, 미에 관한 논증이란다. 우리들 인간이 일상생활에서 경험하는 진, 선, 미에는 모두 정도의 차이가 있기 마련이야. 길거리의 돌멩이보다 장미꽃이 아름답고, 장미꽃보다 사람이 더 아름답다고 말할 수 있어. 또 상식적인 진리보다 학문의 진리가 더 참다울 수 있으며, 학문의 진리보다 종교적 진리가 더 참답다고 주장할 수 있지. 그리고 자신의 기분을 좋게 하기 위해서 남에게 자선을 베푸는 선보다 무조건 타인을 도와주는 것이 훨씬 더 선하다고 할 수 있지. 그러면 우리가 생각하는 최상의 진, 선, 미를 갖춘 존재는 누구일까? 그러한 존재는 바로 신이라는 거야.

마지막 방법은 목적으로서의 신을 증명하는 방법이야. 이 세상의 모든 사물들을 보면 그것들은 질서 정연하게 정돈되어 있어. 적절한 예가 될지 모르지만 생태계의 먹이사슬을 살펴보기로 하

자. 아프리카 초원지대에서는 사자가 먹이사슬의 맨 꼭대기에 자리 잡고 있지 않니? 그런가 하면 시베리아 삼림지대에서는 호랑이가 먹이사슬의 맨 꼭대기를 차지하고 있어. 뭐니 뭐니 해도 생물계의 먹이사슬의 정상을 차지하고 있는 것은 인간이지. 이런 식으로 따져가다 보면 모든 사물들에는 목적이 있고 가장 궁극적인 목적에 다다르기 마련인데 이것이 바로 신이라는 것이 하느님이 계시다는 것을 증명하는 방법이야, 헥헥."

종이를 쭉 읽어 내려가던 마르코는 숨이 찼는지 헉헉거렸어. 그리고는 비토와 토마스의 눈치를 번갈아 가며 살폈지.

토마스는 뭔가를 골똘히 생각하다가 입을 열었어.

"대단해! 마르코 형! 난 솔직히 형이 이 문제를 풀지 못할 줄 알았거든. 형이 이렇게까지 하다니 정말 놀랐어."

"으응? 그렇지 뭐. 하하."

마르코는 어쩐지 어색하게 웃었어.

"약속대로 형을 내보내 줄게. 다른 형들이 형이 나온 것을 보면 아마 축하해 줄 거야."

"그런데, 토마스. 비토 형은 언제 나가는 거지? 언제까지 여기에 있을 수만은 없잖아."

"비토 형이 퀴즈를 풀 마음이 생길 때까지 난 기다려 줄 거야. 그때까지 도미니크 수도원에 가는 일을 미뤄 놓았거든."

"그, 그래. 어쨌든 난 이만 나간다. 형, 나가 볼게."

마르코는 허둥지둥 감옥을 떠났어.

신 존재 증명

아퀴나스는 신앙이 확실한 사람들보다 일반인이나 이교도들을 위해서 기독교를 설명하고 전파하는 데 많은 힘을 기울였습니다. 그러니까 자연적으로 그는 신 존재 증명을 위해서 철학자의 방법을 택한 것이죠.

철학자의 방법이란, 앞에서 설명했듯이 관찰한 경험 사실로부터 합리적으로 근거를 찾는 것을 말합니다.

신 존재 증명의 대표적인 두 유형은 원인으로부터 출발해서 결과에 도달하는 것과 결과로부터 시작해서 원인으로 거슬러 올라가는 것이 있답니다. 신 존재 증명에 관한 아퀴나스의 다섯 가지 논증은 결과로부터 원인을 찾는 일입니다. 모든 결과들이 최종적으로 원인을 가진다는 사실을 다섯 가지 측면에서 증명하는 것이 바로 아퀴나스의 다섯 가지 논증인 것이죠. 아퀴나스의 다섯 가지 논증은 인과율을 바탕으로 삼고, 자연 세계에 관한 경험적 지식을 출발점으로 삼는답니다. 특정한 원인은 특정한 결과를 가진다는 것이 바로 인과율, 즉 인과원

리랍니다.

'뺨을 때리면 아프다', '비가 오면 땅이 젖는다', '봄이 오니까 꽃이 피었다' 등과 같이 특정한 원인이 있으면 그 원인은 반드시 특정한 결과를 가진다는 것이 바로 인과율입니다. 우리들의 일상생활에 관한 지식은 대부분 인과율을 근거로 삼고 있습니다.

아퀴나스의 신 존재 증명에 관한 다섯 가지 논증에서 첫 번째는 이 세상의 모든 것은 끊임없이 움직이며 변화하고 있다는 것입니다. 저 멀리 보이는 산, 성당, 나무와 꽃, 인간과 짐승……. 이 모든 것들이 움직이며 변화하고 있답니다. 이 앞의 바위나 내가 손에 들고 있는 책도 시간과 함께 움직이며 변화하고 있는 것이 확실하죠.

아퀴나스는 이 세상 모든 사물과 사태의 운동과 변화에는 최종적인 원인이 있다고 보고 그것을 바로 신이라고 했던 것입니다.

예를 들면, 생물의 원인을 캐내다 보면 결국 무생물에 도달하고 무생물의 원인을 찾아가면 지구의 탄생으로까지 거슬러 올라가겠죠. 지구의 원인은 태양계로 그리고 태양계의 탄생은 은하계로……. 이렇게 해서 우주의 원인을 묻지 않을 수 없는데 우주 탄생의 원인이 다름 아닌 신일 수밖에 없다는 결론에 이르게 됩니다.

두 번째 논증은 첫 번째 논증과 비슷합니다. 모든 사물은 다 작용하고 있고 이 세상에 영원하고 변하지 않는 것은 하나도 없다는 것이 바로 두 번째 논증입니다. 어떤 것이든 만들어지고 사라지는 수레바퀴를 피해갈 수 없습니다. 거기에서 아퀴나스는 궁극적인 원인이 없다면 이 세상 모든 것들이 일으키는 현상도 있을 수 없다고 생각했고 따라서 사물들이 일으키는 현상은 궁극적인 원인으로서의 신의 존재를 인정하지 않을 수 없다고 생각을 발전시켜 나갔던 것입니다.

세 번째 논증은 우연히 일어나는 현상들의 원인으로 반드시 있어야만 하는 존재를 증명하는 방법입니다. 이 세상 만물들은 모두 있다가도 없어지고 그러다가 또 생겨나죠. 이런 우연한 사물들을 있게끔 해주는 필연적인 존재가 분명히 있기 때문에 세상 모든 것들이 존재할 수 있다는 것이 바로 아퀴나스의 주장입니다.

네 번째 논증은 최고의 참다움, 착함, 아름다움에 관한 논증이죠. 이것을 바로 진, 선, 미라고 한답니다. 우리들 인간이 일상생활에서 경험하는 진, 선, 미에는 모두 정도의 차이가 있기 마련이죠. 길거리의 돌멩이보다 장미꽃이 아름답고, 장미꽃보다 사람이 더 아름답다고 말할 수 있을 것입니다. 또 상식적인 진리보다 학문의 진리가 더 참

다울 수 있으며, 학문의 진리보다 종교적 진리가 더 참답다고 주장할 수 있는 것이죠. 그리고 자신의 기분을 좋게 하기 위해서 남에게 자선을 베푸는 선보다 무조건 타인을 도와주는 것이 훨씬 더 선하다고 할 수 있습니다. 그렇게 해서 우리는 궁극적으로 최상의 진, 선, 미를 갖춘 존재를 생각해 보게 됩니다. 그리고 그러한 존재는 바로 신이라는 것이 아퀴나스의 네 번째 논증이랍니다.

다섯 번째 논증은 궁극적 목적으로서의 신을 증명하는 방법입니다. 이 세상의 모든 것들을 보면 그것들은 질서 정연하게 정돈돼 있답니다.

예를 들어서 생물계의 먹이사슬을 살펴볼까요? 아프리카 초원지대에서는 사자가 먹이사슬의 맨 꼭대기에 자리 잡고 있습니다. 그런가 하면 시베리아 삼림지대에서는 호랑이가 먹이사슬의 맨 꼭대기를 차지하고 있죠. 하지만 뭐니 뭐니 해도 생태계의 먹이사슬의 정상을 차지하고 있는 것은 바로 인간이랍니다. 이런 식으로 따져가다 보면 세상 모든 사물들에는 목적이 있고, 가장 궁극적인 목적이 있기 마련인데 이것이 바로 신이라는 것이 아퀴나스의 다섯 번째 논증이랍니다.

토마스가 남긴 편지

다음 날 날이 밝았어. 그런데 항상 아침 일찍 나타나던 토마스는 나타나지 않고 있었어. 비토는 웬일인가 하고 의아해했어. 그런데 마리엘이 나타난 거야.

"엇? 너는 그 대장장이 딸 아니니?"

"맞아요. 저는 대장장이의 딸 마리엘이라고 합니다. 안녕하셨어요, 도련님?"

"안녕할 리가 있겠니?"

"정말 죄송해요. 하지만 이렇게밖에 할 수 없는 저희 입장도 좀 생각해 주셨으면 좋겠어요. 도련님들도 저희를 가두었잖아요."

"그건 다 토마스를 위해서지. 그런데 네가 여긴 웬일이니? 토마스는?"

"안 그래도 토마스의 이야기를 대신 전해 드리려고 왔어요."

"대신 전하다니? 왜?"

"토마스 도련님은 오늘 아침에 도미니크 수도원으로 떠났답니다. 더 이상 수도원에 가는 것을 미룰 수가 없었거든요. 대신 비토 도련님께 이 편지를 전해 달라고 하셨어요."

마리엘은 가지고 있던 편지를 비토에게 건네주었어. 비토는 굳은 표정으로 편지를 받았지.

자, 그래서 그다음 이야기는 어떻게 되었냐고? 그야 너희들도 알다시피 토마스는 세계적으로 이름을 떨친 신학자가 되었지. 600년이 지난 지금까지도 토마스가 이룬 업적이 전해 내려오고 있잖니? 아직도 신학을 공부하는 사람들은 토마스 아퀴나스가 쓴 책을 교과서 삼아 공부하고 있어. 그리고 그의 형제들도 모두 훌륭한 사람으로 기억된단다. 그중에서도 특히 큰형 비토는, 깜짝 놀라지 마, 마리엘과 결혼해서 가난한 백성들의 세금을 깎아 주면서 많은 도움을 주었단다.

여기까지가 내 이야기야. 어떻게 다들 재미있게 들었는지 모르겠구나. 정말 신나고 재밌는 이야기였다고? 그럼 이제 이 거울을 보고 웃어 줄 차례야. 너희들의 웃음이 바로 내 재산이거든.

자, 나는 이 염소 가죽 트렁크에 있는 수많은 이야기를 해 주러 또 다른 곳으로 떠나야겠다. 떠돌다 보면 언젠가 또 만날 일이 있겠지. 그럼 그때까지 모두 건강하고 안녕!

통합형 논술 활용노트

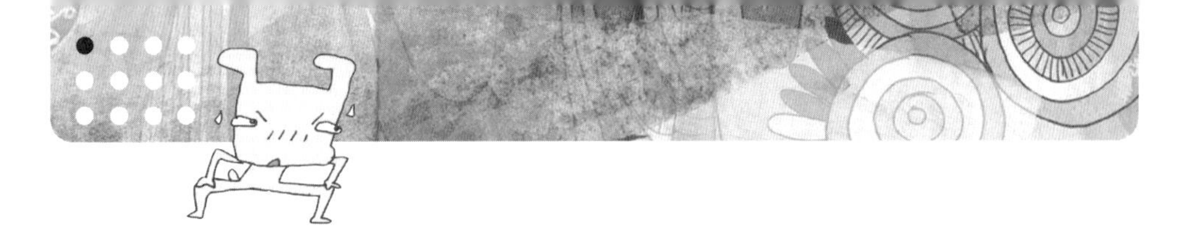

01 아래에 적힌 마리오가 말하는 신앙과 토마스가 말하는 신앙에 대해서 읽어 본 후 둘이 생각하는 신앙에는 어떤 차이점이 있는지 자유롭게 생각을 적어 봅시다.

마리오가 생각하는 신앙

"우리는 숲 속에서만 살아서 그런지 종교니, 신앙이니 그런 것을 잘 몰라. 그런데 나 혼자 생각하기로 믿는다는 것은 앎의 문제야. 내가 알지 못하는 것을 믿을 수는 없지 않겠니? 우리가 호랑이를 무서워하는 것은 숲 속에서 호랑이가 다른 동물을 잡아먹는 모습을 봤기 때문이니까. 호랑이가 다른 동물을 잡아먹는 것을 보지 못했다면 누군가 호랑이는 무서운 동물이라고 말을 해도 아마 믿지 못하겠지?"

토마스가 생각하는 신앙

"내가 배우기론 신앙과 지식은 분명히 서로 달라. 믿음은 의지의 문제이지만 지식은 앎의 문제거든. 물에 빠진 사람은 우선 살려는 의지가 강하니까 지푸라기라도 붙잡으려고 하지. 그 사람에게는 지푸라기든, 가는 밧줄이든, 나무줄기든 자신이 붙잡으려는 물건이 무엇인지를 아는 것이 별로 중요하지 않아. '저걸 붙잡으면 살겠구나!' 하는 믿음이 중요한 거야. 내가 생각하기에 신앙이란 많은 사람들이 평소 생각하는 생각, 즉 속견과 과학적 지식의 중간에 자리 잡고 있어. 신앙은 대상을 굳건히 믿으니까 흔히 사람들이 아는 상식을 뛰어넘을 수 있어."

02 이 세상에는 정말로 신이 있을까요? 있다고 생각한다면 왜 있는지, 없다고 생각한다면 왜 없다고 생각하는지 어린이 여러분의 의견을 적어 봅시다.

03 책 속에서 토마스는 철학은 추리하는 것이라고 말했습니다. 아래 글을 보고 어떤 사건 하나를 정해서 여러분이 추리를 해 보는 과정을 적어 보세요.

철학이란 것은 이 추리를 바탕으로 해야 해. 철학은 과거나 현재의 지식으로부터 새로운 지식을 이끌어 낸단다. 어떻게 보면 새로운 지식을 발견하는 일이라고 볼 수도 있어. 그럼 추리라는 것을 어떻게 알려 줄까? 음, 어떤 예가 좋을까? 그래. 이런 게 좋겠다. 마리엘, 네가 오늘 점심에 보통 때 먹지 않던 매운 고추를 먹었더니 땀이 많이 나고 속이 몹시 아팠다고 하자."

"응."

"그럼 내일도 고추를 먹으면 어떻겠니?"

"그야 당연히 내일도 고추를 먹으면 역시 속이 아프고 땀이 많이 나겠지."

04 책 속에서 철학적 신학이란 세상의 사물들을 그냥 연구하는 것이 아니라 신과 연결시켜서 연구하는 것이라고 설명해 주었습니다. 자유롭게 신과 연결되는 사물들을 생각해 보면 그것이 바로 철학적인 신학이랍니다. 자아, 그럼 어린이 여러분들은 어떤 것을 신과 연결시켜 볼 수 있을까요? 그리고 왜 그런 생각을 하게 되었는지에 대해서도 적어 보세요.

05 눈에 보이지 않는 영혼이나 신, 천사 같은 것들을 어떻게 알았는지에 대해 곰곰이 생각해 보세요. 그리고 여러분이 왜 그런 생각을 하게 되었는지에 대해 조리 있게 적어 봅시다.

06 아래의 지문을 읽어 보고 내가 상자를 골라야 한다면 어떤 상자를 고를지에 대해 생각해 보세요. 그리고 왜 그런 생각을 하게 되었는지에 대해서 자세히 적어 보세요.

세 개의 상자는 나란히 놓여 있었는데 모양은 제각각이었어.

첫 번째 상자는 종이로 만들어진 상자였어. 아무런 장식도 없는 수수한 상자였는데 상자의 뚜껑에는 십자가가 그려져 있었어.

두 번째 상자는 나무로 만든 것이었어. 그런데 매우 낡은 상자였지. 곰팡이가 잔뜩 피어서 만지기도 어려운 상태였는데 더구나 나무 썩는 냄새가 콧속까지 진동했어.

세 번째 상자는 아주 화려한 모양이었어. 코끼리의 뿔인 상아로 만든 것이었는데 겉에는 진주와 루비 같은 보석들로 화려하게 장식되어 있었어. 게다가 상자를 여는 고리는 금으로 만들어져 있었지.

07 아래의 지문을 읽어 보고 여러분이 생각하는 내면적 아름다움과 외면적 아름다움에 대해서 자유롭게 적어 봅시다.

"내면적 아름다움은 정신적인 아름다움이라고도 할 수 있어. 내면적 아름다움은 선과도 같다고 볼 수 있어. 예를 들어 마음이 아주 착한 소녀가 있다면 그 소녀는 내면적 아름다움을 가졌다고 말할 수 있을 거야."

"그럼 외면적 아름다움이란 뭐지?"

"외면적 아름다움은 외모의 아름다움을 말하는 거야. 얼굴이 아름다운 아가씨는 외면적 아름다움을 지녔다고 말할 수 있지."

통합형 논술 문제풀이

01 마리오가 생각하는 신앙은 믿음과 앎을 하나로 보는 것입니다. 눈으로 보이는 것을 믿는 마리오는 호랑이가 다른 짐승을 잡아먹는 것을 보았기 때문에 호랑이가 무섭다는 것을 믿는 것입니다. 따라서 눈에 보이지 않는 것, 모르는 것은 믿을 수 없다고 생각했습니다.
이에 비해 토마스는 믿음과 앎을 다른 것으로 보았습니다. 마리오와 달리 눈으로 보이지 않아도 믿을 수 있다고 생각했습니다. 토마스는 믿음은 의지의 문제라고 생각했으며, 물에 빠졌을 때 지푸라기를 잡는 것을 예로 들었습니다. 물에 빠진 사람은 살려는 의지가 강하기 때문에 그 사람에게는 지푸라기든, 밧줄이든 중요하지 않으며 그것을 잡음으로 내가 살 수 있다는 믿음이 중요하다는 것입니다.

02 신은 있다고 생각합니다. 하나의 생물이 어디서 나왔는지 그 근원을 따져 보면 결국 무생물까지 거슬러 올라가게 되고 그 무생물의 근원을 따져 보면 지구의 탄생으로까지 올라가게 됩니다. 지구의 탄생은 다시 은하계의 근원을 따져봐야 하고, 은하계는 다시 우주의 생성 원인을 찾아야 합니다. 결국 사물의 운동과 변화, 생성과 소멸은 초월적인 존재가 관여하고 있는 것이고 이는 신이 존재함을 말해 주는 것이라고 생각합니다.

03 제가 감기에 들었던 일을 추리해 보면 알 수 있습니다. 지난번 감기에 들었을 때 의사 선생님께서 감기에 들지 않으려면 무엇보다 손발을 깨끗이 씻어 청결히 해야 한다고 말씀하셨습니다.
그런데 저는 집에 돌아온 뒤 손 씻는 것을 깜박 잊고 자주 씻지 않았으며 여름이라 찬 음식을 더욱 많이 먹어서 결국 감기에 걸린 것 같습니다.

04 얼마 전 가족 여행으로 제주도에 다녀왔습니다. 우리나라에도 이런 곳이 있나 싶을 만큼 무척 아름다운 곳이었습니다. 섬으로 이루어진 제주도는 하늘에서 멀리 떨어진 곳이 아닐까 하는

생각이 들었습니다. 뿐만 아니라 신이 아니면 이런 곳은 아무도 만들 수 없을 것이라는 생각이 들 만큼 아름다운 곳이었습니다.
사람이나 동물, 산과 바다 모두 어떻게 생겨났나 하는 근원을 찾아가면 모두 신이라는 경지에 이르게 됩니다. 저 역시 제주도를 여행하면서 신이 만든 아름다운 섬이라는 생각을 하게 되었습니다.

05 미루어 짐작하는 것, 즉 추리를 통해서 알 수 있습니다. 예를 들어 누군가 내가 먹을 것을 빼앗아 간다면 기분이 나쁠 것입니다. 이것은 몸이 느끼는 것이 아니라 영혼이 느끼는 것입니다. 그러나 영혼이 어떻게 생겼는지는 보이지 않습니다. 영혼이 어떻게 생겼는지는 알 수 없지만 여러 가지 상황으로 미루어 짐작해 보면 영혼이 있다는 것을 알 수 있습니다.
천사의 경우도 마찬가지입니다. 영혼이 존재한다는 것을 추리를 통해서 알았으므로 신체가 없는 영혼이 있을 수도 있다는 생각을 할 수 있습니다. 신체가 없는 영혼이 있다면 그것은 바로 천사인 것입니다.

06 만약에 저라면 아무 장식도 없는 수수한 상자를 고를 것입니다. 처음에는 진주와 루비, 보석 같은 화려하게 장식되어 있는 상자에 먼저 눈길이 가겠지만 그 상자 안에도 화려한 보석이 들어 있을 것이라는 보장은 없습니다.
수수한 상자를 선택해 제가 원하는 모습으로 꾸미고 소중한 물건을 넣어 나만의 상자로 만들어야 할 것입니다.

07 아름다움에는 두 가지 종류가 있습니다. 내면적 아름다움과 외면적 아름다움이 그것입니다. 내면적 아름다움은 정신적인 아름다움이라고 할 수 있습니다. 마음이 착한 사람이 있다면 그는 내면적 아름다움을 지닌 사람일 것입니다. 외면적 아름다움은 외모의 아름다움을 말하는 것으로 얼굴이 아름다운 사람은 외면적 아름다움을 가졌다고 할 수 있습니다.

훌륭한 그림을 보거나 음악을 들으면 감동을 느끼게 되는데 이는 내면적인 아름다움이라고 할 수 있습니다.
저는 외면적인 아름다움보다는 내면의 아름다움이 더 중요하다고 봅니다. 아무리 얼굴이 아름다워도 마음이 착하지 않다면 아무런 가치가 없다고 생각하기 때문입니다.

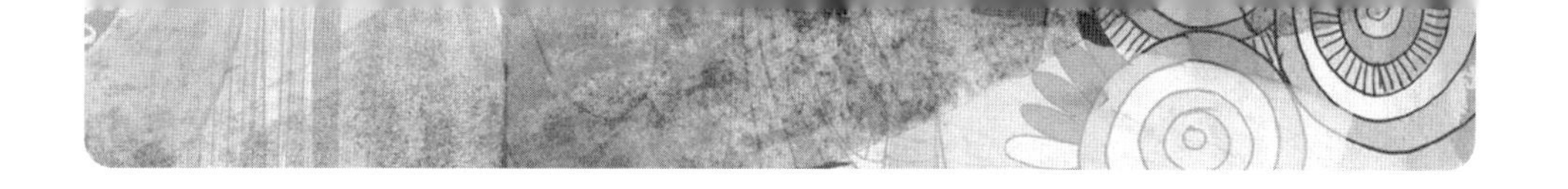